물어물어 찾아낸

나의 친구 아프리카

물어물어 찾아낸
나의 친구
아프리카

한 권으로 배우는 아프리카의 모든 것

김명희 지음

들어가는 글

 아프리카 대륙은 우리에게 멀게만 느껴지는 곳이다. 심리적 거리도 가깝지 않지만, 물리적 거리도 상당히 먼 지역이다. 한국과 가장 가까운 아프리카 국가는 이집트로 비행거리가 약 9,000km이다. 가장 먼 국가는 14,000km인 남아프리카공화국이다.
 이렇듯 멀고 먼 아프리카이지만, 6·25 전쟁 때에는 에티오피아와 남아프리카공화국 등이 한국까지 와서 참전하였다. 세계무역대국 6위로 올라선 지금의 우리는 대한민국의 자유민주주의를 지키기 위해 목숨을 걸고 싸운 그들에게 많은 빚을 지고 있다.
 우리는 그들을 얼마나 알고 있을까? 가난에 굶주리고 풍토병이 창궐하는 그런 곳으로만 알고 있지는 않는가? 구식민지 종주국의 시각으로 그들을 바라보고 있지는 않는가? 그들을 무시하고 은연중에 우리를 그들보다 우월한 존재로 여기고 있지는 않는가?

아프리카를 보면 우리가 지나온 전철을 밟고 있는 것 같다. 그래서 필자에게는 그들이 그리 낯설지도 않고, 크게 불편하지도 않다. 불과 몇십 년 전에 우리가 이미 거쳐 온 모습을 그들에게서 보고 있기 때문이다.

아프리카와의 개인적 인연은 KOTRA에 입사하여 2000년부터 유럽에 근무할 때에 시작되었다. 사무실을 청소하는 분이 북아프리카 출신이었다. 브뤼셀에 근무할 때 콩고가 벨기에 식민지였다는 걸 알게 되었다. 그 당시 나의 동료 한 명이 아프리카의 정치·경제에 대해 지적하며, 아프리카 지도자들의 부패를 신랄하게 비난하는 걸 들었다. 아프리카를 나와는 별 상관없는 먼 세계로만 생각했었다. 하지만 적어도 유럽과는 밀접하게 관련 있는 곳이라는 생각을 그때부터 하기 시작했다.

아프리카와의 본격적인 인연은 2013년 알제리에서 근무할 때부터 시작되었다. 아프리카 대륙 북쪽에 위치한 알제리는 지중해에 면해 있다. 즉, 유럽과 마주하는 곳이다. 그곳은 내가 알고 있던 세계와는 많이 달랐다. 국교가 이슬람이라서 그곳의 생활에서 경험하는 많은 것들이 나에겐 새롭고 흥미로웠다. 프랑스와 격렬한 전투를 치르고 독립을 쟁취해 냈다는 자긍심이 강한 동시에 자국의 언어와 문화의 근간에 프랑스가 있다는 점에 대한 자부심도 가지고 있다. 새로운 문화와 접할 수 있었다는 면에서 알제리 근무는 나에게 정말 큰 행운이었다.

아프리카와의 본격적인 두 번째 인연은 2017년 케냐를 근무할 때였다. 이때부터 아프리카에 대한 관심이 많아져 회사에서 아프리카를 1순위로 자원해 배치받았다. 아프리카 대륙의 중동부에 위치한 케냐는 북아프리카와는 달리 아프리카 본래의 문화를 엿볼 수 있는 곳이었다. 흑인 사회를 처음 접하면서 북아프리카와는 또 다른 설렘과 연민을 가졌던 곳이다. 이때부터 나는 아프리카를 사랑하는 마음을 가지게 되었다.

세 번째 아프리카와의 인연은 남아프리카공화국에서의 아프리카 지역 본부장으로의 근무이다. 마지막 해외 근무를 아프리카에서 마치고자 하는 강력한 희망을 가지고 여기로 지원했다. 남아프리카공화국은 오래전부터 유럽인들이 이주해 온 탓에 백인 비율이 높다. 백인 위주의, 흑인을 차별하는 악명 높은 제도였던 아파르트헤이트가 사라진지 30년이 지났다. 하지만 지금까지도 백인들의 영향력은 작지 않다. 그렇기 때문에 아랍권의 북아프리카와 흑인 위주의 중부 아프리카와는 또 다른 문화가 펼쳐진다.

남아프리카공화국에서는 사하라 이남 아프리카를 관할하는 아프리카 지역 본부장으로서 역할을 수행했다. 그래서 KOTRA 해외조직인 무역관이 주재해 있는 가나, 케냐 등 아홉 국가뿐만 아니라 비 주재 아프리카국가에도 출장을 다닐 기회가 많았다. 또한 개인 휴가를 이용해서도 그동안 가보고 싶었던 인근 국가나 지역 등을 탐방했다.

이 책의 집필은 우리나라 사람들이 아프리카와 보다 친해지기를 바라는 마음에서 비롯되었다. 특히 경제·무역 분야에 종사하는 입장에서 우리 기업이 아프리카와 더욱 많은 네트워크를 가지고 아프리카와 협력하기를 바란다. 하지만 물리적 거리와 문화적 편견 등으로 인해 우리에게 아프리카는 여전히 멀기만 하다. 아무리 아프리카 시장이 기회의 땅이고 미래의 시장이라고 외쳐봐야 소귀에 경 읽기다.

    한 나라나 지역을 알아가는 데에 반드시 정치, 경제를 통해야만 하는 것은 아니다. K-Pop, K-Drama 등 재미를 앞세우는 대중문화를 통해 전 세계를 K열풍이 휩쓸었다. 마찬가지로 이 책에서는 독자분들에게 아프리카와 관련된 흥미로운 얘기를 들려줌으로써 아프리카에 대해 친근함을 갖게 해주고 싶었다. 평소 아프리카에 대해 궁금했던 점들에 답을 찾고, 생활하면서 흥미로웠던 경험들을 들려주고, 잘못 알고 있던 점을 바로잡는 등 하나하나 풀어내려 했다. 여기서 풀어낸 이야기가 정론이라고 단정할 수는 없다. 그저 내가 보고 듣고 경험한 바에 기초한 하나의 시각일 뿐이다. 하지만 내 시야에 포착된 아프리카의 이런 다양한 모습을 독자들에게 보여주고 싶었다. 독자들이 이 책을 통해 아프리카에 한 걸음이라도 더 다가갈 수 있다면 나는 충분히 만족할 것이다.

    마지막으로 이 책이 나오기까지 바쁜 중에도 시간을 내어 정보를 확인해 주고, 여가 시간을 할애하면서까지 사진을 찍어 보내준 KOTRA 아프리카 근무 직원들께 깊은 감사의 말씀을 드린다.

2025년 2월
아프리카를 사랑하는 김명희

차례

들어가는 글   4

아프리카의 사람(people)

부시맨의 고향은 어디일까?   14
현생 인류의 고향이 아프리카?   20
마사이족이 제일 크다고?   24
나이지리아에 왕이 그렇게 많다고?   28
흑인 피부가 다 같은 검정이 아니라고?   31
흑인 곱슬머리는 머리 살갗을 찌른다?   32
흥이 넘치는 사람들?   34
3D는 내 일이 아니라고?   38
흑인여성의 섹시함은 어디일까?   40
무슬림은 테러리스트다?   43
일론 머스크가 아프리카 출신이라고?   50
우리나라에 남아프리카공화국 영어교사가 미국 다음으로 많다고?   58

아프리카의 일상(life)

초콜릿은 가나?	64
아프리카 사람들은 뭘 먹고 살까?	68
마다가스카르의 주식이 쌀이라고?	74
아프리카에는 어떤 해산물이 있을까?	77
이게 아프리카에서 왔다고?	90
아프리카에도 와인이 난다고?	95
빈민가가 왜 부촌 옆에?	103
남아프리카공화국에 대단지 몰(Mall)이 발달한 이유는?	106
가난한 남자는 결혼을 못 한다고?	109
왜 아프리카를 질병 이름에?	112

아프리카의 역사(history)

백인이 왜 아프리카에?	118
아프리카 국경선은 왜 자로 자른 듯?	122
아프리카의 노예항구는 어디?	124
국가로 인정받지 못 한다고?	126
남아프리카공화국은 왜 다른 아프리카와는 느낌이 다를까?	129
어떻게 아프리카 백인들은 복수국적을 가질까?	130
아프리카에 북한이 제작한 동상이 많다고?	131
중국이 아프리카와 친한 이유?	135
아프리카에서 6·25때에 우리를 도왔다고?	137
프랑스가 아프리카에 있다고?	140

아프리카의 자연(nature)

『어린왕자』의 배경이 아프리카?	146
아프리카에서도 스키를 탄다고?	152
이집트의 나일강이 아니라고?	154
킬리만자로는 어느 나라에 있나?	157
아프리카에서 Big 5는?	162
세계 최대의 백금 생산국이 남아프리카공화국이라고?	169
케냐가 꽃가루 알레르기 없는 천국이라고?	173
1년에 100명 이상이 벼락 맞아 사망한다고?	174
집은 북향이 짱이라고?	177
아르헨티나와 남아프리카공화국이 닮았다고?	178
희망봉(喜望峰)은 봉이 아니라고?	180

아프리카의 문화(culture)

아프리카 문화를 정의한다고?	186
아프리카에는 어떤 종교가 있을까?	189
사후 3개월 뒤에 장례식이 열려?	192
여성할례가 아직도?	195
들어는 보았나, 피그카소?	197
아프리카에는 어떤 스포츠가 인기 있을까?	207
골프천국 남아프리카공화국?	211
1,000개 넘는 언어가 있다고?	216
인사를 안 하면 슈퍼에서 물건을 못 산다고?	219
아프리카 속담은 무엇이 있을까?	221

부록

아프리카의 동물	226
아프리카의 식물	240
재외공관 연락처('25년 2월)	252
KOTRA 무역관 연락처('25년 2월)	254

아프리카의 사람(people)

부시맨의 고향은 어디일까?

'부시맨'은 1980년 보츠와나와 남아프리카공화국이 합작으로 만든 코미디 영화이다. 감독은 제이미 유이스(Jamie Uys)로 남아프리카공화국 출신이다. 아프리카 칼라하리 사막에서 원시적인 삶을 살아가는 부시맨족의 이야기를 코믹하게 그려냈다. 비행기에서 우연히 떨어진 빈 콜라병으로부터 시작돼 물질에 대한 인간의 욕심과 소유욕을 풍자적으로 보여주었다.

원제목은 〈The Gods Must Be Crazy〉(신들은 미쳤음에 틀림없다)로 실

영화 '부시맨'

제 부시맨족인* '니카우'가 영화에 직접 출연하여 큰 인기를 얻었다. 이후 스타덤에 올랐던 니카우는 바쁜 도시생활에 적응하지 못하고 1990년대 초반에 고향 나미비아로 돌아갔다. 우리나라에서는 1983년 11월 피카디리 극장에서 처음 개봉하여 30여 만의 관객을 동원할 정도로 큰 인기를 끌었다.

    부시맨족은 아프리카 남부의 칼라하리 사막에 거주하는 부족으로 산(San)족이라고도 한다. 나미비아, 보츠와나를 중심으로 앙골라, 남아

---

* '부시맨족'이라는 용어는 아프리카 원주민들을 비하하는 부정적인 의미를 담고 있어 요즘에는 사용하지 않으나 독자의 이해를 돕고자 사용한다.

프리카공화국의 일부 지역에도 거주한다. 평균 키가 150cm로 비교적 작은 편이며 사냥을 하거나 식물의 열매나 뿌리를 찾는 등 수렵 생활을 한다.

　나미비아의 수도 빈트후크(Windhoek) 도심의 거리를 걷다 보면 부시맨 조각상을 볼 수 있다. 그 거리를 걷다 골목길로 들어가면 부시맨의 모티브가 된 하늘에서 떨어진 콜라병이 아닌 운석 덩어리들을 볼 수 있다. 전시된 운석을 들여다보면 운석 하나하나에 고유번호가 매겨져 있는 것을 볼 수 있다. 운석의 성분은 철이 많아 돌덩어리라기보다는 쇳덩어리라고 해야 맞을듯하다. 하늘에서 떨어진 많은 운석을 보면서 부시맨 영화를 구상한 것은 아닐까?

나미비아 수도 빈트후크 거리의
부시맨 조각상

하늘에서 떨어진 운석들

나미비아는 아프리카 남서부에 위치한 국가로, 독일과 깊은 관련을 맺고 있는 가슴 아픈 역사가 있다. 19세기 후반 독일은 아프리카 대륙에서 식민지를 확장하려는 야심을 가지고 있었고, 풍부한 자원을 가진 나미비아에 눈독을 들였다. 1884년* 독일은 나미비아를 보호령으로 선포하고 식민지화 작업을 시작했다. 20세기 초 독일의 식민 지배에 저항하던 헤레로(Herero)족과 나마(Nama)족이 봉기를 일으켰다. 이에 독일은 잔혹하게 진압하며 대규모로 학살을 자행했다. 헤레로·나마 집단학살은 아프리카 대륙에서 일어난 최초의 집단 학살 사건 중 하나로, 1904~1907년 사이에 최대 10만여 명이 희생되었다. 제1차 세계 대전에서 독일이 패배하면서 1920년 나미비아는 남아프리카공화국에 위탁 통치되었다. 남아프리카공화국은 나미비아에서도 인종차별 정책(아파르트헤이트)**을 시행하며 원주민을 차별하고 억압했다. 나미비아는 무장투쟁과 함께 유엔의 지원에 힘입어 1990년에 남아프리카공화국으로부터 독립했다.

나미비아에는 독일 식민지 시대에 지어진 건축물들이 많이 남아 있다. 흥미로운 점은 우리로서는 흑인들이 독일어 사용하는 모습을 상상하기 어려운데 독일어 또한 여전히 나미비아에서 사용되는 언어 중

---

* 베를린 회의(1884~1885)에서 유럽 열강들은 아프리카 분할을 논의했고, 이 과정에서 독일은 나미비아에 대한 지배권을 인정받았다.
** 아파르트헤이트는 남아프리카공화국의 극단적인 인종차별정책과 제도(1948-1994년)를 가리킨다. 단어 자체가 분리, 격리를 뜻하는 아프리칸스어이다.

하나이다.

　　독일 문화의 영향을 받은 흔적으로 빈투후크(Windhoek) 맥주를 꼽을 수 있다. 빈투후크는 나미비아의 수도 이름이자 나미비아의 대표적인 맥주 이름이다. 그 뿌리는 독일까지 거슬러 올라간다. 나미비아가 독일의 식민지이던 시절에 거기 있던 독일인들은 고향에서 즐기던 맥주를 그대로 재현하기를 원했고, 이는 빈투후크 맥주의 탄생으로 이어졌다. 빈투후크 맥주는 단순히 나미비아를 대표하는 맥주를 넘어, 독일과 나미비아의 역사적인 관계를 보여주는 상징이다. 나미비아에서 빈투후크 맥주를 마시는 것은 마치 독일 맥주를 마시는 듯한 특별한 경험을 선사한다. 남아프리카공화국에서도 빈투후크는 자국산 맥주보다 더 즐겨 찾는 인기 맥주로 자리매김하고 있다.

빈투후크 맥주

나미비아 해안과 함께 펼쳐지는 나미브 사막

사막 투어 차량

아프리카의 사람(people)

나미비아는 남아프리카공화국으로부터 독립한 이후에도 남아프리카공화국의 경제력에 크게 의존하고 있다. 화폐는 나미비아 달러(NAD)를 사용하나 남아프리카공화국의 랜드(RAND)와 1:1의 고정 환율로 연동되어 있다. 이는 양국간의 밀접한 경제관계를 시사해 준다.

나미비아에서 가장 손꼽히는 관광지로는 단연 사막을 들 수 있다. 나미비아라는 이름 자체가 나미브(Namib) 사막에서 유래되었을 만큼 이 나라의 대표적인 자연 유산이 바로 사막이다. 나미브 사막은 8천만 년 전에 만들어져 세계에서 가장 오래되고, 가장 건조한 사막으로 아프리카 남서부 해안을 따라 2,000km 이상 펼쳐져 있다. 나미브는 나마족* 언어로 '아무것도 없는 곳'이라는 뜻을 지니고 있다. 정말 그 이름처럼 끝없이 펼쳐진 모래언덕과 텅 빈 듯이 고요한 풍경은 마치 다른 행성에 와 있는 듯한 착각을 불러일으킨다.

현생 인류의 고향이 아프리카?

현생 인류인 호모 사피엔스의 기원에 대한 연구 결과는 아프리카를 가장 유력한 발상지로 가리키고 있다. 이는 '아프리카 기원설'이라 불리며, 다양한 과학적 증거들에 의해 뒷받침된다.

---

* 나마족은 코이산족 계통의 민족으로 독자적인 나마어를 사용하며 전통적인 생활 방식을 유지하는 것으로 알려져 있다.

무엇보다도 고고학적 증거로 아프리카에서 발견된 가장 오래된 호모 사피엔스 화석들을 들 수 있다. 다른 지역보다 훨씬 더 오래되었으며, 진화 과정을 보여주는 다양한 중간 단계의 화석들이 발견되었다.

또한 유전학적 증거로는 현대인의 유전체를 분석한 결과를 들 수 있다. 모든 인류의 미토콘드리아 DNA와 Y 염색체가 아프리카에 살았던 공통 조상에게서 비롯되었다는 사실이 이 분석을 통해 드러났다. 이는 마치 한 그루의 나무에서 가지가 뻗어 나가듯, 모든 인류가 하나의 공통 조상으로부터 갈라져 나왔음을 의미한다. '미토콘드리아 이브와 Y 염색체 아담'*에 대한 연구는 아프리카가 인류의 고향임을 뒷받침하고 있다.

그리고 고인류학적 증거로 아프리카에서 발견된 고인류 화석들을 들 수 있다. 이 화석들은 호모 사피엔스로 진화하는 과정을 보여주는 중요한 단서들이다. 예를 들어, 에티오피아에서 발견된 루시(Lucy)**는 오스트랄로피테쿠스 아파렌시스라는 초기 인류의 화석으로, 인류 진화의 중요한 단계를 보여준다.

---

* '미토콘드리아 이브'는 성서에 등장하는 최초의 여성(이브)이 아니라 모든 현생 인류의 미토콘드리아 DNA를 거슬러 올라가면 만나게 되는 공통 조상인 여성을 가리키며(미토콘드리아는 모계유전), 부계유전이 되는 'Y 염색체 아담'은 공통 조상인 남성을 가리킨다.
** 루시라는 이름은 비틀스의 노래 'Lucy in the Sky with Diamonds'에서 따왔다. 1974년, 고인류학자 도널드 조핸슨 박사가 이 유골을 발견했을 때, 연구팀은 발굴 현장에서 비틀스의 이 노래를 반복해서 들으며 작업했다. 발견된 유골의 골반 구조가 여성의 것이라는 사실을 확인하고, 곡의 분위기와 어울린다는 생각에 도달해 '루시'라는 이름을 붙이게 되었다.

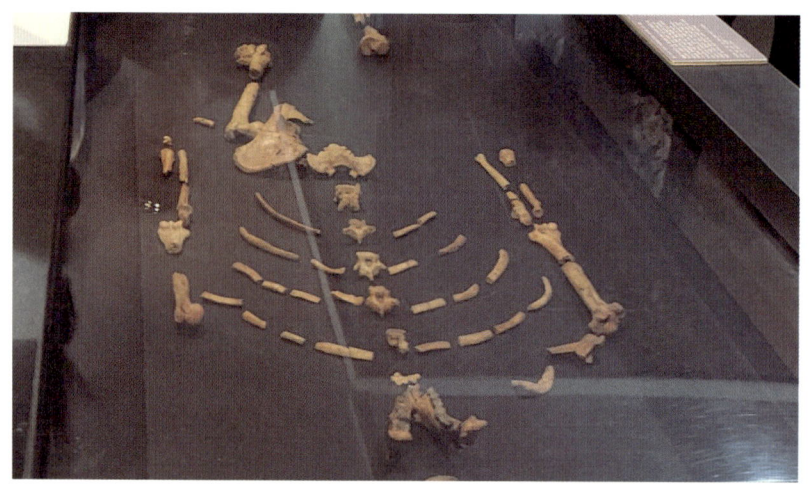

에티오피아 국립박물관에 있는 루시(Lucy)

　　호모 사피엔스는 약 20만 년 전 아프리카에서 등장*한 것으로 알려져 있다. 약 10만 년 전에는 상대적으로 소그룹이었던 호모 사피엔스가 아프리카 대륙을 떠나 오늘날의 시나이 반도를 거쳐 중동으로 진출하였다. 이후 그곳에서 세계의 나머지 지역으로 퍼져나갔다. 발굴된 화석에 따르면 인류 역사상 처음으로 등장하는 이들 호모 사피엔스는 약 4만 년 전에 유럽 대륙에 도달했고 1만 5000년 전에 아시아에서 북아메리카로 넘어갔으며 1만 3000년 전에 남아메리카에 이르렀다.

---

* 루츠 판 다이크(Lutz van Dijk), 《처음 읽는 아프리카의 역사 Die Geschichte Africas》 (웅진지식하우스, 2005), 43쪽.

남아프리카공화국의 최대도시이자 하우텡 주의 주도인 요하네스버그에서 북서쪽으로 약 50km 떨어진 곳에 인류의 요람(Cradle of Humankind)이 있다. 오스트랄로피테쿠스* 속의 화석이 많이 발견되어 인류 진화를 연구하는 데 핵심적인 곳이다. 고고학과 인류학 분야에서는 그 의미가 더 각별하다. 1999년에 '남아프리카의 화석 인류 유적지'라는 이름으로 유네스코 세계유산에 등재되기도 했다.

　　지구상에서 가장 크고 강력한 생명체는 약 2억 년 전에 살았던 공룡이다. 아프리카에도 다양한 종류의 공룡 화석들이 발견된다. 이는 아프리카가 사막, 초원, 숲 등 다양한 지형을 가지고 있어, 많은 종류의 공룡들이 서식하기에 적합한 환경이었기 때문이다. 또한 아프리카의 일부 지역은 건조하고 뜨거운 기후로 인해 화석이 잘 보존되어 유물연구에 유리하다. 그리고 아프리카에 지구 전체 광물의 30%가 매장되어 있으며 가장 많은 지하자원이 있다는 것은 그만큼 이 대륙이 오래되었다는 의미이다.

---

* 약 400만 년 전부터 100만 년 전 사이에 살았던 고인류의 일종이다.

인류의 요람, 남아프리카공화국

마다가스카르 박물관에 있는 공룡의 뼈

마사이족이 제일 크다고?

아프리카 대륙의 인종 구성 비율은 정확히 파악하기 어렵다. 역사적으로 보면, 아프리카에서는 다양한 민족들의 이동과 혼혈이 빈번하게 일어났고 이로 인해 인종 구성이 끊임없이 변했기 때문이다. 아프리카 대류 전반에 걸쳐 가장 많이 분포된 인종은 흑인이지만, 아프리카 전체로는 54개의 국가와 천여 개 이상의 종족으로 구성되어 국가별 인종 구성은 다르다. 아프리카라고 하면 우선 흑인을 떠올리겠지만 백인도 적지 않다. 남아프리카공화국은 아프리카에서 백인 비율이 가장 높은 국가로 국민의 7% 이상이 백인이다.* 이는 네덜란드인, 영국인 등 유럽인들이 오랜 기간 식민 지배를 하면서 대규모로 이주했기 때문이다. 아프리카에서 남아프리카공화국 다음으로 백인이 많은 국가는 나미비아로, 약 2%**가 백인이다. 독일과 남아프리카공화국의 식민 지배를 받은 영향이라고 볼 수 있다.

이미 언급한 것처럼, 아프리카의 종족 수는 천 개 이상이다. 주요 종족으로 주로 북아프리카의 오랜 역사를 간직한 베르베르족을 들 수 있다. 현재 베르베르족은 모로코, 알제리, 튀니지 등 북아프리카 국가에 주로 거주하며, 자신의 문화를 지키기 위해 노력하고 있다. 하지만 아랍화와 도시화 등의 영향으로 고유 언어인 베르베르어 사용 인구는 감소하고 있으며, 문화적 동질성도 점차 약해지고 있다.

키 큰 종족으로 알려진 딩카족은 주로 남 수단에 거주하며, 케냐의 일부 지역에도 분포되어 있다. 남자의 평균 키가 190cm 이상이며 오랜 세월 동안 나일 강 유역에서 살아오면서 독특한 문화를 형성한 종족이

---

* 2011년 인구 센서스에 보면, 백인 인구 비중이 8.2%였으나 2022년에는 7.3%로 떨어졌다.
** 인구센서스에 의하면, 1981년 7%에서 2023년 1.8%로 떨어졌다.

키 큰 마사이족과 찍은 사진   탄자니아에서만 볼 수 있는
                              키 큰 마사이 콜라병

다. 그들에게 소는 재산의 상징이자 사회적 지위를 나타내기에, 소를 매우 중요하게 여긴다. 딩카족 외에도 르완다에 거주하는 투치족 또한 딩카족과 비슷한 신장이며, 과거에는 왕족이나 귀족 계층으로서 높은 사회적 지위를 누린 것으로 알려져 있다.

그 외 키 큰 종족으로는 우리에게도 잘 알려진, 케냐와 탄자니아에 거주하는 마사이족이 있다. 필자가 마사이마라를 여행할 때 어느 마사이족 남성과 기념사진을 찍었는데 필자의 키가 그의 어깨에도 미치질 못했다. 필자의 키가 165cm인 점을 고려할 때, 그의 키는 2미터가 족히 넘을 것 같다. 마사이족은 용맹하기로 정평이 나 있고 특별한 의식을 통해 소의 목에서 혈액을 채취하여 마신다. 소 떼를 몰고 이동하며 살아가는 전통적인 유목민으로 붉은색 숄과 긴 창을 든 모습이 마사이족의 대표적 이미지이다.

언젠가 '마사이 신발'을 사서 신어본 적이 있다. 자세를 교정해 보려는 시도의 일환이었다. 사실 마사이족은 주로 맨발로 걷거나 간단한 조리를 신는데, 스위스의 기업 MBT가 마사이족의 건강한 체격과 걷는 자세에 주목하여 마사이 신발을 상품화한 것이다. 그 마케팅 광고에 혹해 마사이 신발을 신었는데, 그 덕에 조금이라도 발바닥 근육이 강화되고 자세가 교정되지 않았을까.

인류 가운데 가장 작은 인종으로 알려진 피그미족*도 아프리카에 있다. 성인 남성의 키가 평균 130~140cm 정도이고, 여성은 120~130cm 정도일 만큼 작다. 주로 아프리카 콩고 분지의 열대우림 지역에 거주하며 수렵 채집 생활을 통해 살아가는 것으로 알려져 있다. 콩고민주공화국에는 음부티(Mbuti)족이 대표적인 피그미족으로 콩고강 유역의 밀림 지역에 거주한다. 카메룬과 가봉에는 바카(Baka)족이 살고 있으며, 콩고 분지 서부의 열대우림에서 생활한다. 르완다, 부룬디, 우간다, 콩고에는 트와(Twa)족이 분포하며, 각 지역의 열대우림과 늪지대에 적응하여 살아가고 있다. 피그미족의 수명은 키만큼이나 짧아 보통 16~24세에 사망한다고 한다. 타고난 DNA뿐만 아니라 위험한 환경 등 복합적 요인에 따른 결과가 아닐까 생각한다.

남부 아프리카에서는 세계에서 가장 오래된 인류의 후예인 아프리카 코이산족이 있다. 코이산족은 아프리카 남부의 보츠와나, 나미비아,

---

* 성인 남성의 평균 키가 150cm에 미치지 않는 저신장 인종을 총칭하는 말이다.

남아프리카공화국 등에 걸쳐있는 칼라하리 사막 주변에 거주하는 다양한 수렵채집민족들의 총칭이다. '코이'는 코이코이족을, '산'은 산족을 의미한다. 이들은 혈통적으로 유사하여 코이산족이라고 묶어서 부른다. 코이산족은 현생 인류 중 가장 오래된 유전적 특징을 가지고 있어 학계의 주목을 받고 있다. 유전자 분석 결과, 코이산족은 다른 인류 집단보다 더 현생 인류의 조상과 더 가까운 유전적 특징을 지닌 것으로 밝혀졌다. 이는 코이산족이 수만 년 동안 변화가 적은 환경에서 살아왔기 때문에 원시적인 유전적 특징을 유지할 수 있었던 것으로 추정된다. 코이산족은 '부시맨(Bushman)'이라는 이름으로 더 잘 알려져 있지만, 이는 17세기 유럽인들이 붙인 경멸적인 이름으로 '수풀(bush) 속에 사는 사람들'이라는 뜻을 가지고 있다.

나이지리아에 왕이 그렇게 많다고?

나이지리아는 아프리카에서 가장 인구가 많은 국가로 2억 3천만 명에 달한다. 한때 우리에게 그리 좋은 이미지의 국가는 아니었다. 1990년대부터 이메일을 통해 전 세계를 대상으로 이런저런 거짓 내용으로 사기를 벌인 까닭이다. 그 당시 우리나라에서도 피해를 입은 이들이 많았다. 한 시절을 풍미한 '나이지리아 무역사기'였지만 점차로 이 사기 수법이 잘 통하지 않자 차츰 줄어들기 시작했다. 아프리카 대륙의 국가 중에서는 이집트 다음으로 한국에 자국민을 많이 보낸 나라*로 점점 그 인식이 나아지고 있다.

나이지리아는 그 인구의 규모만큼 다양한 민족과 문화가 공존하는 사회이다. 수많은 부족이 오랜 기간 독자적인 왕국을 이루며 살아왔는데 이러한 역사적 배경으로 인해 나이지리아에 왕이 많아지게 되었다. 영국의 식민지배** 이후에도 많은 부족들이 전통적인 지도자를 유지하면서, 왕은 현대 국가 시스템과 함께 공존한다. 또한 나이지리아는 250개 이상의 부족과 500개 이상의 언어를 사용하는 매우 다양한 문화를 가진 나라이다. 각 부족마다 고유한 사회 체계와 지도자가 있다.

부족주의는 혈통, 언어, 문화, 역사를 공유하는 집단인 부족에 대한 강한 소속감과 충성심을 초래한다. 그러나 부족에 대한 강한 애착은 자연스럽게 다른 부족과의 차별로 이어질 수 있고 때로는 갈등과 반목을 일으키는 걸림돌이 될 수도 있다.

실제로 나이지리아 왕을 한 명 만난 적이 있다. 2023년에 나이지리아로 출장 갔을 때의 경험이다. 당시 부산 EXPO 홍보대사를 맡은 현지 예술가 니케 오쿤다예(Nike Okundaye)가 운영하는 갤러리를 방문한 적이 있다. 갤러리 내 살롱***에 이르니 전통의상을 잘 차려입은 젊은이

---

* 2022년 8월 통계청 기준 이집트, 나이지리아, 남아프리카공화국 순으로 많다.
** 1861년 라고스의 식민지화로부터 시작해서 1914년 북부와 남부 보호령이 통합되어 나이지리아 식민지 및 보호령이 되었으며 1960년 10월 1일 영국으로부터 독립하였다.
*** 예술과 문화를 주제로 자유로운 대화를 나눌 수 있는 공간이다.

나이지리아 갤러리에서 만난 최연소 왕(가운데)과 갤러리 원장(우측)   젊은 왕으로부터 선물받은 팔찌

와 함께 있던 사람이 필자를 기다리고 있었다. 갤러리 원장이 소개하길 그 젊은 사람은 그 지역의 왕으로 나이지리아에서 가장 젊은 왕이라고 하였다. 자세히 보니 십대의 앳된 소년이었다. 옆에 있던 사람은 나이 지긋한 보좌관이었다. 속으로 약간의 의구심과 호기심을 갖고 그 젊은 왕과 인사를 나누었다. 그 왕은 헤어질 때 나무 소재로 된 붉은 색 빛깔의 팔찌를 선물로 주면서 높은 신분의 사람이 차는 팔찌라고 설명했다. 그 말에 나는 마치 귀족이라도 된 것처럼 기분이 업 되었다. 나이지리아의 젊은 왕의 따뜻한 마음과 그 당당함은 '아무리 젊어도 왕은 왕이구나'라는 생각이 절로 들게 했다.

모든 나이지리아 왕들이 동일한 권한과 역할을 수행하는 것은 아니다. 하지만 우리나라처럼 외국에서 온 기업들이 그 지역에서 영업활동을 하기 위해서는 공식적인 행정절차 외에 거쳐야 할 관문으로 왕의 알현이 필요하다. 행정적으로 모든 절차의 승인이 이루어졌더라도 왕이 그 지역의 출입을 승낙하지 않으면 결국 영업할 수 없기 때문이다. 그만큼 지역사회에서 부족의 영향력이 크다는 것이다.

흑인 피부가 다 같은 검정이 아니라고?

흑인이라는 명칭이 칭하는 대상은 대개 사하라 이남 아프리카계 인종이다. 검은 피부를 가진 네그리토*, 오스트레일리아 인종 등은 생물인류학에서 흑인으로 분류되진 않는다. 실제로 아프리카계 흑인과 오스트레일리아 인종은 유전적으로 거리가 멀다.

    흑인이라고 똑같이 피부가 검은 것은 아니다. 사하라 사막 이남 지역에는 다양한 피부색이 분포하며, 지역마다 미묘한 차이를 보인다. 아프리카 흑인의 피부 색깔은 단순히 '검다'라고만 표현하기에는 차이가 너무 크고, 다양하다. 에티오피아나 에리트레아의 흑인, 부시맨이나 코사(Xhosa)족 같은 경우는 주로 커피색을 띤다. 이런 흑인 피부의 색을 영어로는 브라운(brown)이라고 한다. 세계적인 미인으로 손꼽히는 클레오파트라가 공식적으로는 그리스계라고 알려져 있지만, 브라운 계열의 흑

---

* 동남아시아, 남아시아 등에 거주하는 오스트레일리아 인종 계열 소수민족들의 총칭이다.

인*이었다는 속설도 여전히 존재한다. 강렬한 태양 빛을 받는 적도 부근의 국가들(콩고, 우간다 등)에서는 매우 검은 피부를 가진 사람들이 많다. 반면 남아프리카 지역으로 갈수록 피부색이 다소 밝아진다.

남아프리카공화국에서 백인이 흑인을 칭할 때 'dark people'이라는 표현을 사용하기도 한다. 우리에게 흑인이라고 하면 'black'이라는 형용이 먼저 떠오르는데 이는 다양한 흑인 피부 색깔을 반영한 것이 아니라고 본다. 피부색이 밝은 톤의 흑인은 상대적으로 피부색이 어두운 흑인에 대해 다소간의 우월감을 느끼는 것으로 보인다. 그래서 화장품의 경우도, 피부 미백 제품(skin lightening product)이 인기다. 우리나라에서도 역시 미백화장품이 여성들에게 인기 있는 것처럼 말이다.

흑인 곱슬머리는 머리 살갗을 찌른다?

케냐에서 근무할 때의 이야기이다. 머리카락을 소재로 담소를 나누던 중에 한 남자직원의 머리카락이 보기와는 달리 길고, 또한 부드러워 만져보면 굉장히 폭신폭신하다는 말이 나왔다. 평소 흑인의 머리카락에 대해 궁금증을 가지고 있던 참이라 결국은 이를 확인해보고자 그 직원에게 머리를 좀 만져 봐도 되겠느냐고 물었더니 흔쾌히 허락해 주었다.

---

* 넷플릭스 다큐멘터리 〈퀸 클레오파트라〉에서 흑인 여배우가 클레오파트라를 연기해 논란이 되기도 했다.

정말 머리가 스펀지보다 더 폭신폭신했다. 아프리카에서 대부분의 흑인은 머리를 짧게 자르는데 그 직원은 머리를 길러서 위쪽으로 약 10cm 정도 올라가 있었다. 다시 호기심이 발동하여 머리를 기르면 피부를 찌른다는 얘기를 들었는데 어떻게 길렀냐고 물었다. 그 직원은 머리카락이 피부를 찌르지는 않으며, 단지 곱슬머리라 길게 놔두면 부해지고 엉켜서 관리하기가 어렵다고 답했다. 우리가 잘못 알고 있던 거였다.

흑인들의 머리카락은 매우 다양하고 독특한 특징을 가지고 있다. 가장 대표적인 특징 중 하나는 곱슬머리라는 것이다. 머리카락이 매우 꼬불꼬불하고 유분이 적어 일반적으로 모발의 양이 많아 보인다. 그래서 흑인들, 그중에서도 특히 여성들은 가발을 쓰거나 붙임머리를 하는 게 일반적이다. 우리는 흔히 가발이라고 하면 대머리를 감추기 위한 통가발을 연상하는데 아프리카에서의 가발은 대부분 기존 모발에 붙이는 위빙(weaving)이다. 한 번 착용하면 머리를 감을 수 없어서 일반 여성들은 2주에 한 번 정도 가발을 바꾼다. 흑인 여성이 소득의 약 30%를 헤어 관리에 지출한다는 통계가 있을 정도다. 필자가 보기로는 세계에서 가장 다양한 헤어스타일을 가진 곳이 아프리카인 것 같다.

오늘날 아프리카의 가발산업은 한국과 매우 밀접한 관계를 가지고 있다. 1960~1970년대에 국내 가발산업은 최고 부흥기를 맞이했다. 고물상과 엿장수들이 골목골목을 누비며 부녀자들의 머리카락을 모아들인 것이 그 시작이었다고 한다. 그 당시 가발 공장을 운영하던 기업인들은 점차 해외 시장으로 진출했고 결국 전 세계 가발산업 인프라의 대부분을 한국인이 쥐게 됐다. 그래서인지 지금 아프리카에서 가발산업에 종사하는 한국 사람들이 적지 않다. 대표적으로 케냐의 사나그룹을 들 수 있다. 사나그룹은 동아프리카 가발시장의 70%를 점유하고 있으며, 케냐의 8대 기업으로 들어갈 정도로 성장했다. 아프리카 10개국에서 1만여 명의 현지인을 고용하면서 지역사회의 경제를 좌지우지할 정도의 영향력을 가지고 있다. 그 외 아프리카에서 활동하고 있는 가발 제조업체로는 한국계인 솔피아그룹, 미성상사 등이 있다. 솔피아그룹과 미성상사는 전 세계 가발의 70%를 생산한다.

한국 기업이 이렇게 가발시장에서 강세인 이유는 최고 품질의 원사 제조업체로부터 재료를 확보하여 한국산 설비와 부자재를 사용하기 때문이다. 아프리카 가발산업이 유망한 이유는 흑인 여성들의 소비력 증가를 꼽을 수 있다. 아프리카 흑인 여성들의 경제적 자립도가 높아지면서 미용에 대한 관심이 증가하고 있고, 또한 가발은 다양한 스타일 연출을 위한 미용의 필수 아이템이다. 더욱이 소셜 미디어를 통해 유명인들의 헤어스타일이 빠르게 확산되면서 가발에 대한 인지도가 날로 높아가고 있다.

흥이 넘치는 사람들?

가난하다고 무조건 불행한 것은 아닌 듯하다. 아프리카 근무할 때 주말에 골프장을 가면 인근에 판자촌이 있는 경우가 간혹 있다. 판자촌과 마주하면서 골프를 치다 보면 미안한 마음이 든다. 하지만 이런 미안함을 갖지 않아도 된다고 알려 주는 것마냥 신나는 음악 소리가 바로 그 판자촌 한가운데서 들려온다.

어떤 이들은 흑인들이 음악과 춤을 통해 현실의 고통을 극복하고 그들만의 정체성을 드러낸다고 한다. 또 어떤 이들은 흑인 문화와 흥을 연결 짓는 것은 과학적 근거가 부족한 인식이며, 흥에 대한 감수성 역시 개인마다 달라 인종을 기준으로 사람을 평가하고 단정하는 것은 편견과 차별을 조장하는 행위라고 비판한다. 그래도 필자에게 흑인은 가난하지만 춤과 음악을 즐길 줄 알고, 삶에 여유가 있는 사람들로 보인다.

특히 아프리카의 공연을 보고 있노라면 그야말로 흥이 있는 사람들이라는 생각이 든다. 강렬하고 열정적인 춤과 음악은 아프리카의 역동성과 아프리카인들의 타고난 리듬을 느끼게 한다. 케냐 나이로비의 사파리파크호텔에서 저녁 식사 때 무료로 제공하는 공연은 너무 훌륭해 그냥 보기가 미안할 정도이다.

유엔이 발간하는 세계 각국의 행복 성적표가 있다. 각국의 국민들이 스스로 평가한 행복도를 바탕으로 순위를 매기는 "세계행복보고서"(World Happiness Report, WHR)이다*. 단순히 경제 성장률만을 보는 것이 아니라 사회적 지지, 건강, 자유, 관대함, 부정부패 인식 등 다양한 요소를 종합적으로 고려하여 행복지수를 산출한다.

---

* http://sunhakpeaceprize.org/kr/news/issue.php?code=issue&idx=767&bgu=view

에티오피아 공연

짐바브웨 환영공연

코트디부아르 환영공연

케냐 환영공연

　　이 행복지수가 나오게 된 데에는 부탄의 역할이 컸다. 부탄의 인당 국내총생산(GDP)은 3,000달러 수준으로 전 세계에서 최하위권이고 평균적인 교육 수준도 매우 낮다. 그런데 이 나라 국민들의 행복지수가 한때 세계 1위*를 기록하며 국제적으로 큰 주목을 받았다. 영국의 파이낸셜타임스가 1987년 부탄의 제5대 국왕 지그메 케사르 남기엘 왕축

---

* 2010년에 영국의 신경제재단(NEF, New Economics Foundation)에서 발표하였다.

(Jigme Khesar Namgyel Wangchuck)의 행복국가론*을 소개하면서 캐나다와 브라질 등 여러 나라가 부탄을 주목하기 시작했고 유엔은 부탄의 행복국가론을 발전시키게 되었다.

'세계행복보고서 2023'에 의하면 세계에서 가장 행복한 나라는 핀란드(7.804점)로 6년 연속 세계 1위를 차지했다. 10위권 내에는 주로 북유럽 국가들이 많다. 덴마크(7.586점), 아이슬란드(7.530점), 이스라엘(7.473점), 네덜란드(7.403점), 스웨덴(7.395점), 노르웨이(7.315점), 스위스(7.240점), 룩셈부르크(7.228점), 뉴질랜드(7.123점)가 2~10위를 차지했다. 한국인들의 주관적 행복도 평균은 10점 만점에 5.951점으로 조사대상 137개국 중 57위를 차지했다. 전 세계에서 행복도 점수가 가장 낮은 나라는 아프가니스탄(1.859점)과 레바논(2.392점)이었다.

아프리카 국가들이 최하위 1, 2위에서는 벗어났지만 시에라리온, 짐바브웨, 민주콩고, 보츠와나, 말라위 등 여러 나라가 3위부터 시작해 하위권에 포진해 있다. 행복감이 인당 소득에 꼭 비례하는 것은 아니지만 인간으로서 삶을 영위하기 위한 적정한 소득은 필요 요소임을 시사하고 있다.

---

* 부탄의 행복국가론은 GDP 대신 국민총행복(Gross National Happiness)을 국가발전의 척도로 삼는 철학이다.

3D는 내 일이 아니라고?

업종에서 흔히 3D는 더럽고(Dirty), 어렵고(Difficult), 위험한(Dangerous) 일을 뜻한다. 주로 육체적인 노동이 많고, 안전사고의 위험성이 높으며, 근무 환경이 열악한 직업군을 가리킨다. 최근에는 우리나라 사람들이 이런 유형의 일을 꺼려 외국인 노동자들이 그 자리를 메우고 있다.

남아프리카공화국은 아프리카에서 맏형과도 같은 존재다. 세계에서도 BRICS*의 핵심 멤버이자 G20**의 아프리카 내 유일한 회원국가로 그 존재감이 크다. 이웃 나라들이 남아프리카공화국을 바라보는 시선 또한 아프리카 내 최대의 경제 대국으로, 일자리가 많은 곳으로 바라보는 듯하다. 그래서인지 주변 잠비아, 짐바브웨, 말라위, 케냐, 나이지리아 등에서 많은 사람이 남아프리카공화국에 와서 일자리를 구하고 있다. 애기를 돌보는 내니(nanny)부터 시작해서 정원관리사, 식당의 종업원 등의 일자리는 대부분 그들 차지다. 남아프리카공화국은 실업률이 2023년 기준 28%이며 청년 실업률은 무려 49%를 넘고 있다. 청년의 절반은 취업하지 못했다. 그런 까닭인지 불법 취업자들의 입국을 막기 위해 정부는 비자 발급을 엄격히 하고 검사를 철저히 하겠다고 종종 발표한다. 하지만 실제로는 남아프리카공화국 사람들이 소위 3D 업종의

---

* BRICS는 브라질(Brazil), 러시아(Russia), 인도(India), 중국(China), 남아프리카공화국(South Africa) 다섯 나라의 첫 글자를 따서 만든 이름이며, 신흥 경제국들로 구성되어 있다.
** 세계 경제를 이끄는 G7과 우리나라를 비롯한 12개의 신흥국 및 주요 경제국, 그리고 2개의 지역 연합(유럽연합, 아프리카연합)으로 구성되어 있다.

일을 기피한다는 얘기가 들려온다. 언뜻 보면 이웃 불법 취업자들이 그들의 일자리를 침범해서 실업률이 높아졌다고 생각할 수 있겠지만 사실은 이와 다른 듯하다. 우리나라에도 3D 업종을 직업으로 갖는 것을 꺼리듯이 남아프리카공화국 사람들 역시 그보다는 질 좋은 일자리가 자기 일이라고 생각하는 것으로 보인다.

남아프리카공화국의 이웃 나라 중 짐바브웨 출신의 인력들이 전반적으로 교육 수준도 높고 노동의 질이 높다는 평이 있다. 짐바브웨가 과거 교육 수준이 높았던 국가 중 하나였으며, 경제난으로 인해 많은 고급 인력들이 남아프리카공화국으로 이주하면서 이러한 인식이 생긴 것 같다. 특히 의료, 교육 분야에서 짐바브웨 출신 전문가들이 남아프리카공화국으로 이주하면서 그런 인식이 강화된 듯하다. 어쨌든 현지 인력을 고용해 본 한국인들의 경험담을 들어보면 남아프리카공화국 출신보다는 이웃 나라에서 온 인부들이 성실하고 일도 잘한다는 평이다. 실제로 짐바브웨에 가서 사람들을 만나보니 대체로 조용하면서 열심히 일하는 모습이 눈에 들어왔다.

흑인여성의 섹시함은 어디일까?

아프리카 흑인 여성의 섹시함에 대한 단일 기준은 없다. 아프리카는 매우 넓은 대륙이며, 수많은 민족과 문화가 공존하는 곳이기 때문이다. 자연스럽게 각 지역마다, 각 문화권마다 아름다움에 대한 기준이 다르게 나타난다.

미국에서 10~30대 여성들이 풍만한 '모래시계형 몸매'를 갖기 위해 엉덩이를 확대하는 수술을 받는다고 한다. '브라질리언 버트 리프트(Brazilian Butt Lift)'라고 불리는 이 수술은 BBL로 약칭된다. 과거 미국에서 여자에게 엉덩이가 커 보인다고 하면 외모 비하로 통했지만, 지금은 최고의 찬사라고 한다.

남아프리카공화국 근무 때 사무실 직원 중 흑인 여성이 있었는데 그 직원이 건물 내 가장 인기 있는 여자라는 소문을 들었다. 필자가 볼 때는 얼굴이 그리 빼어난 수준은 아닌 듯한데 도대체 왜 그렇게 인기가 있는지 무척 궁금했다. 이유를 들어보니 남자들이 저런 체형을 매우 좋아한다*는 것이었다. 그 직원은 엉덩이가 정말 컸다. 호기심을 이기지 못하고 결국 질문을 던졌다. 어릴 때는 엉덩이가 별로 크지 않은 거 같은데 언제부터 그렇게 엉덩이가 커지는지? 출산할 때부터인지 아니면 성인이 되면서부터인지 궁금했다. 대답은 출산과 상관없이 나이가 들

---

* 섹시함이란 남성이 여성을 바라보는 시각과 관계가 깊은데 흑인 남성이 엉덩이가 큰 여자에 대한 선호를 "Baby Got Back(Sir Mix-A-Lot)"이라는 랩을 들어보면 적나라하게 알 수 있다.

| 한국인 | 혼혈인 | 백인 | 흑인 |

면서 체형이 바뀐다는 것이었다. 위의 사진은 무역관에 근무하는 한국인 여직원이 여직원들의 동의를 얻어 인종별 뒤태를 찍은 사진이다. 흑인은 확실히 뒷태가 다른 것을 확인할 수 있다.

    엉덩이가 큰 것을 아름답게 여기는 문화에서는 큰 엉덩이를 건강, 다산, 부의 상징으로 생각하는 경우가 많다. 그래서 남자들이 큰 엉덩이의 여성에 끌리는 걸까? 큰 엉덩이의 체형은 우리가 평소 알고 있는 아이를 안는 모습조차도 다르게 만든다. 엉치뼈를 이용하여 애기를 거기에 받치는 형태이다. 잘록한 허리와 상대적으로 큰 엉덩이의 체형이 그

아프리카의 사람(people)

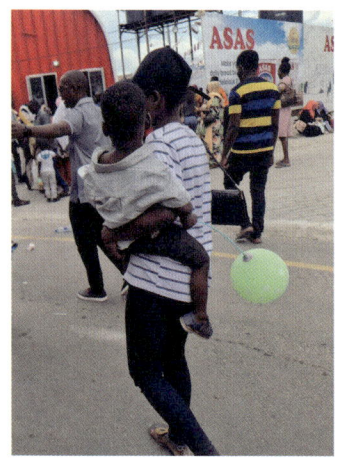 

엉치를 이용해 애기 안은 엄마   흑인 여성 몸매를 잘 표현한 작품

걸 가능하게 만든다.

　아프리카 흑인 여성의 섹시함을 단순히 엉덩이의 크기로 판단하는 것은 편협한 시각일 수 있다. 하지만 많은 흑인 여성들이 큰 엉덩이에 대한 자부심과 로망을 가지고 있으니 그들의 섹시함을 판단하는 기준 가운데 하나라는 것은 분명하다.

무슬림*은 테러리스트다?

알제리 근무할 때의 이야기이다. 알제리는 국교가 이슬람이다 보니 집주인도 당연히 무슬림이었다. 가끔 집에 문제가 있어 연락하면 그 대응이 빨라 불편함 없이 잘 지냈다. 근무를 끝내고 한국으로 귀임발령을 받아 귀국 예정임을 알렸다. 그랬더니 집주인은 떠나기 전 자기 집에 오라고 초대했다. 집이 약간 외곽에 있어 찾기 어려울 거라고 하면서 차와 기사까지 보내주었다. 빈손으로 가기 그래서 꽃을 사들고 집에 들어서니 이웃 주민 몇 명까지 와서 나를 반겼다. 불을 피워 양고기도 구워주고 쿠스쿠스**도 대접하는 등 완전히 잔칫집 분위기였다. 극진한 대접에 감사하며 맛있게 먹고 작별 인사를 하려 할 때 집주인 아저씨는 선물이라고 하면서 알제리 고유의 조각상을 주었다. 그래서 "전 준비한 것도 없는데 고맙게 잘 받겠습니다"하고 인사를 했다. 근데 여기서 끝이 아니었다. 그건 자기 몫이고 자기 부인이 주는 선물이라면서 목걸이, 귀걸이, 팔찌 선물 세트를 주었다. 인사치레로 작별 선물을 줄 수는 있겠지만 부부가 따로따로 선물을 준비했다는 데에서 너무 감동받았다. 그때 받은 선물들은 회사에서 개최하는 적십자 행사 때 해외 특산품으로 기부해서 지금은 없다. 하지만 그때의 경험으로 인해 무슬림의 따뜻한 정과 예절을 느낄 수 있었다.

* 이슬람교를 믿는 사람을 뜻한다.
** 북아프리카에서 먹는 전통 요리이다.

알제리 카스바 전경

집끼리 붙어있는 카스바

카스바의 집안구조

카스바의 친절한 가게 주인

알제리의 카스바(Kasbah)를 방문했을 때 만났던 무슬림의 친절한 모습도 생각난다. 우리에게 알려진 카스바는 1992년에 발표된 가수 윤희상의 '카스바의 여인'*이라는 노래부터가 아닌가 싶다. 카스바는 아랍어로 '성채'를 뜻하며 북아프리카 지역에서 흔히 볼 수 있는 구 시가지를 가리킨다. 특히 알제리의 카스바는 오랜 역사와 독특한 문화를 간직하고 있어 유네스코 세계문화유산으로 지정되어 있다. 미로 같이 좁고 구불구불한 골목길은 카스바의 가장 큰 매력 중 하나이다.

프랑스 식민지 시대에는 알제리 독립 전쟁의 중요한 무대였기에 저항의 상징이 되었다. 19세기 중반 프랑스는 알제리를 점령하고 식민지로 만들었다. 이 과정에서 카스바는 프랑스의 통치에 저항하는 알제리인의 주요 거점이 되었으며 좁은 골목길은 프랑스군에게 함정과도 같았다. 프랑스군은 카스바를 장악하기 위해 끊임없이 공격했지만, 알제리인은 이 집요한 공격을 모두 막아냈다. 이런 지형으로 인해 카스바는 외지인들에게 다소 위험한 곳으로 인식되어 있다. 그래서 카스바를 구경하러 갈 때는 그곳을 잘 아는 현지인이나 전문 가이드와 같이 간다.

어느 날 지인 몇 명과 함께 현지인을 가이드 삼아 방문하였다. 큰 결심이 필요했다. 정말 골목이 좁고 미로 같아서 같이 간 사람들은 서로를 확인하면서 무리에서 떨어지지 않도록 애쓰며 다녀야 했다. 1시간

---

* 윤희상의 '카스바'는 실제 카스바가 아니고 그 분위기만 따온 한국의 주점을 지칭하는 것으로 추정된다.

아프리카의 사람(people)

정도 둘러본 뒤 가이드가 어느 가게 앞에 멈춰 피자와 음료수 등을 권했다. 들어가서 간단히 요기했다. 그 가이드와 가게 주인과는 매우 친한 사이로 보였다. 식후에 비용을 지불하려고 얼마냐 물었더니 자기네 호의라고 하면서 결단코 돈을 받지 않았다. 세상에나! 공짜는 어디서나 사람을 춤추게 한다! 무슬림들의 친절은 우리가 생각하는 그 이상이다.

아프리카에서 무슬림 인구가 가장 많은 지역은 북아프리카이다. 모로코, 알제리, 튀니지, 리비아, 이집트 등 북아프리카 국가들은 국민 대다수가 무슬림이다. 서아프리카 지역 역시 무슬림 인구가 상당하다. 세네갈, 말리, 나이지리아 등 서아프리카 국가들은 이슬람 문화의 영향을 강하게 받았으며, 많은 사람이 이슬람교를 믿고 있다. 동아프리카 지역에서는 소말리아, 수단, 에티오피아 등의 국가에 무슬림이 많다. 특히 소말리아는 거의 다 무슬림이다. 중앙아프리카 지역에도 차드, 카메룬 등 무슬림 비중이 큰 나라들이 있다.

아프리카에 무슬림 인구가 많게 된 것은 7세기 초에 이슬람이 전파되었기 때문이다. 당시 북아프리카는 비잔틴 제국의 영토였지만 동로마 제국과 사산 제국*의 오랜 전쟁으로 인해 국력이 약화되어 있었다. 이는 아랍인들의 침략에 대한 저항력을 약화시키는 요인이 되었다. 아

---

* 서기 224-651년까지 융성한 이란지역 제국으로 전성기 때에는 아프리카, 중국, 인도까지 영토가 확장되었다.

랍인들은 이집트를 시작으로 서쪽으로 진출하여 마그레브 지역*을 점령하고 지브롤터 해협을 건너 스페인까지 진출했다. 사하라 사막을 넘나드는 이슬람 상인들이 아프리카 내륙으로 진출하면서 이슬람 문화와 종교를 전파하게 되었다.

무슬림은 아랍어에서 유래한 단어로 '복종하는 자'라는 뜻을 지니고 있으며, 유일신인 알라에게 온전히 복종하는 사람들을 의미한다. 무슬림들은 하루 다섯 번 정해진 시간에 메카를 향해 기도한다. 이슬람력으로 매년 한 달 동안은 라마단이라고 하여 해가 질 때까지 음식과 물을 마시지 않는다. 그리고 평생 한 번 이상은 메카를 방문하는 순례의 길에 나서야 한다.**

무슬림 여성들이 착용하는 히잡은 단순한 의복을 넘어 종교적 신념과 문화적 정체성을 상징한다. 알제리를 비롯한 북아프리카의 무슬림 여성의 경우, 히잡을 쓰는 게 의무는 아니다. 따라서 쓴 사람도 있고, 안 쓴 사람도 있다. 다만, 히잡 쓴 사람은 상대적으로 '정숙한 여인'이라는 이미지를 주는 듯했다. 결혼 전에는 착용하지 않다가도 결혼 후에는 쓰는 경우를 종종 봐왔다. 히잡(Hijab)은 아랍어로 '가리다'라는 뜻을 가진 단어에서 유래했다. 넓은 의미에서는 여성의 몸을 가리는 모든 것을

---

* 북아프리카의 서쪽 지역을 가리키는 아랍어 단어로, '해가 지는 곳' 또는 '서쪽'을 의미하며 모로코, 알제리, 튀니스 등을 일컫는다.
** 이슬람의 경전 코란에서는 메카를 방문하여 카바 신전을 순례하는 것이 모든 무슬림의 의무라고 언급되어 있다.

의미하지만, 일반적으로는 머리와 목을 가리는 천을 가리킨다. 히잡은 그 종류가 다양하며 지역과 문화에 따라 디자인이 다르다.

히잡   니캅   차도르   부르카

출처: OLIVER FREEMAN

히잡(Hijab): 가장 일반적인 형태로, 머리와 목을 가리는 천

니캅(Niqab): 얼굴을 제외한 머리부터 발끝까지 온몸을 가리는 베일

부르카(Burqa): 얼굴 전체를 가리는 눈구멍만 있는 베일

차도르(Chador): 이란에서 주로 사용되는 넓고 긴 천으로, 머리부터 발끝까지 온몸을 감싸는 형태

이슬람은 단일한 종교처럼 보이지만 사실 다양한 종파와 학파로 나뉜다. 우리에게 잘 알려진 종파로는 수니파(Sunni)와 시아파(Shia)가 있다. 수니파는 전체 무슬림의 80~90%를 차지하는 가장 큰 종파이다. 무

하마드 사후 첫 네 칼리프를 정통 후계자로 인정하며 코란과 순나*를 최고의 권위로 삼는다. 수니파의 대표 국가는 이슬람의 성지 메카와 메디나를 보유하고 있는 사우디아라비아와 이집트, 요르단, 파키스탄 등이 있다. 시아파는 무함마드의 사촌이자 사위인 알리 이븐 아비 탈리브를 정통 후계자로 인정하며 이맘(종교 지도자)의 중요성을 강조한다. 시아파의 대표적인 국가는 시아파 세계의 중심인 이란이며 이라크, 바레인, 레바논 등도 시아파가 다수인 나라이다.

* 이슬람에서 예언자 무함마드의 언행과 관습을 의미하며 이슬람의 두 번째 주요 경전으로 신앙생활의 지침이다.

중동 · 아프리카 이슬람 종파 분포도

출처: https://www.pbs.org/wnet/wideangle/interactives-extras/maps/red-lines-and-deadlines-map-sunni-and-shia-the-worlds-of-islam/2539/

이슬람을 일반적으로 생활종교라고 한다. 이는 단순한 종교 의식이나 신앙 체계를 넘어 신자들의 일상 전반에 걸쳐 영향을 미치는 종합적인 삶의 방식이기 때문이다. 이슬람을 테러리스트들이 주도하는 폭력적 종교로 단정짓는 것은 치우친 시각이다. 어디까지나 일부 극단주의 단체들이 이슬람을 이용하여 테러를 저지르는 것이기 때문이다. 또한 테러행위가 발생하면 이를 이슬람과 연관시켜 부정적인 이미지를 확산시키려는 프레이밍이 이러한 시각을 강화시키고 있다. 실제로 이슬람은 평화와 공존을 강조하며, 무고한 사람을 해치는 것을 금지하고 있다. 일반 무슬림들에게는 재산의 일정 부분을 가난한 사람들에게 나누어주는 자카트(Zakat)가 일상화되어 있으며 손님 접대뿐만 아니라 고아와 과부를 돌보는 등 다양한 방식으로 이웃사랑을 실천하고 있다. 그러므로 좀 더 폭넓은 시각에서 이슬람과 무슬림을 바라보는 노력이 필요하겠다.

일론 머스크가 아프리카 출신이라고?

우리가 알고 있는 유명인 중 아프리카 출신은 누가 있을까? 비폭력저항운동으로 잘 알려진 남아프리카공화국의 넬슨 만델라가 가장 먼저 떠오를 것이다. 그런데 최근 세계적인 스타라고 해도 무리 없을 일론 머스크(Elon Musk)가 아프리카 출신이라는 사실을 아는 사람은 많지 않을듯하다.

민주주의의 아이콘 넬슨 만델라(Nelson Rolihlahla Mandela)

넬슨 만델라는 남아프리카공화국 최초의 흑인 대통령이다. 인종차별 정책인 아파르트헤이트에 맞서 싸운 투사이자, 인종차별 철폐를 위해 헌신했으며, 용서와 화합을 통해 남아프리카공화국을 민주주의 국가로 이끌었다. 넬슨 만델라는 남아프리카공화국 동부 케이프주에서 태어났다. 어린 시절부터 인종 차별의 부당함을 느끼고 평등한 사회를 만들기 위해 노력했다. 변호사가 되어 흑인들의 권리를 위해 법정에서 싸웠으며, 아프리카 민족회의(ANC)에 가입하여 반아파르트헤이트 운동을 이끌었다. 1962년 체포되어 반역죄로 종신형을 선고받고 27년 동안 로벤섬과 폴스모어 교도소에서 옥살이를 했다. 감옥에서도 굴하지 않고 비폭력 저항을 계속했으며, 전 세계로부터 지지를 받는 세계적인 인물이 되었다. 1990년에 석방되었고 1993년에는 평화적인 방법으로 인종 차별을 해결한 공로를 인정받아 노벨 평화상을 수상하였으며 이듬해인 1994년에는 남아프리카공화국 최초의 민주 선거에서 승리하여 대통령이 되었다.

대문호 알베르 까뮈(Albert Camus)

부조리한 세상 속의 인간을 그려낸 작가 알베르 까뮈는 20세기 프랑스를 대표하는 실존주의 사상가이다. 그는 1913년 프랑스령 알제리에서 태어났다. 그의 작품 곳곳에서 알제리의 풍경과 분위기를 느낄 수

알베르 까뮈의 비문*

있다, 특히 소설『이방인』**은 알제리의 더운 여름날 해변을 배경으로 주인공의 삶과 죽음을 냉철하게 그려내고 있다.

알제리 근무 때, 주인공 뫼르소(Meursault)가 살인을 저지른 해변 바로 그 티파사(Tipasa)를 방문했다. 이곳은 알제리 북부 해안에 위치한 고대 도시 유적지이다. 페니키아인들에 의해 처음 건설되었고, 로마 시대에 번성했던 항구 도시였다. 그 역사적 가치로 인해 1982년 유네스코 세계문화유산으로 지정되었다.

---

* 불어로 작성된 비문의 원문은 'Je comprends ici ce qu'on appelle gloire, le droit d'aimer sans mesure. Albert Camus'로 '여기서 나는 무한히 사랑할 권리, 즉 영광이라 불리는 것을 이해한다. 알베르 까뮈'로 번역할 수 있다.

** 『이방인』은 주인공 뫼르소가 아무런 이유 없이 한 사람을 살해하고 그에 대한 사회의 반응을 통해 부조리한 세상을 보여주는 데에 초점을 맞춘 소설이다.

티파사의 해변

　　강렬한 태양이 내리쬐는 여름 어느 날, 티파사 해안가에서 강렬한 태양을 마주하고 있노라면 머릿속이 텅 비면서 약간의 몽롱함을 느낄 수 있었다. 소설 속 뫼르소의 당시 기분도 그렇지 않았을까. 우리 같은 외국인이 티파사를 방문하는 이유는 『이방인』의 배경이라는 점이 큰 몫을 차지한다. 놀랍게도 현지인들은 알베르 까뮈가 누군지 잘 몰랐다. 알베르 까뮈를 자국의 작가로 생각하지 않기 때문이리라.

프랑스 축구의 전설 지단(Zinédine Yazid Zidane)

지네딘 지단은 프랑스의 마르세유에서 태어났다. 반면 지단의 부모는 알제리 출신으로 그의 뿌리는 북부 알제리의 베르베르족에 있다. 지네딘 지단은 프랑스 축구의 전설이자, 세계 축구 역사상 가장 위대한 선수 중 한 명으로 손꼽힌다. 뛰어난 기술과 우아한 플레이 스타일로 인해 '아트 사커'의 대명사로 불리며, 많은 팬들에게 깊은 인상을 남겼다. 또한 그는 프랑스 국가대표팀의 주장으로 1998년 프랑스 월드컵 우승과 2000년 유로 2000 우승을 이끌었다.

골프 황제 게리 플레이어(Gary Player)

게리 플레이어는 남아프리카공화국 출신의 전설적인 골프 선수이다. 경기 중에 늘 검은 옷을 입어 '흑기사'라는 별명을 갖게 되었으며, 뛰어난 운동 능력과 강인한 정신력으로 골프 역사에 한 획을 그은 선수이다. 그는 PGA(미국프로골프) 투어에서 메이저대회 9승을 포함해 24승을 올렸으며 잭 니클라우스(Jack Nicklaus), 아놀드 파머(Arnold Palmer)와 함께 현대 골프의 3대 전설로 불린다. 2024년 12월에 게리 플레이어를 다루는 어느 기사를 보았는데 '89세 골프 전설 플레이어, 83세 여친 생겼다'는 제목이 달려 있었다. 그러고 보면 젊음을 유지하기 위한 최고의 스포츠가 골프인 모양이다.

세계적인 골프 선수 어니 엘스(Ernie Els)

어니 엘스는 남아프리카공화국 출신의 세계적인 골프 선수로, 부드러운 스윙과 장타를 바탕으로 많은 사랑을 받았다. 주요 경력으로는 더 마스터즈 2회 우승 (2001년, 2012년), 디 오픈(The Open) 챔피언십 3회 우승 (1994년, 2002년, 2012년), PGA 챔피언십 1회 우승 (1997년), US 오픈 준우승 6회 (1994년, 1997년, 2000년, 2004년, 2011년, 2016년) 등이다. '빅 이지(The Big Easy)'라는 별명을 가지고 있는데 부드러운 스윙과 긴 비거리, 그리고 편안해 보이는 플레이 스타일에서 비롯되었다. 어니 엘스는 남아프리카공화국 케이프타운에 와이너리를 운영하고 있는데 그 안에 칩샷 공간을 마련하여 방문객이 즐길 수 있도록 해놨다.

시대 최고의 혁신가 일론 머스크(Elon Reeve Musk)

오늘날 가장 주목받는 기업가를 꼽으라면 일론 머스크를 빠뜨릴 수 없을 것이다. 전기차 자율주행의 대명사 테슬라, 우주 항공의 스페이스 X, 그리고 X(전 트위터) CEO를 역임하고 있다. 2025년 1월 출범한 트럼프 2기 행정부에서는 신설된 정부효율부(DOGE)* 수장을 맡는 등 정치인으로의 행보도 활발히 하고 있다. 그는 1971년 남아프리카공화국 행정수도인 프리토리아에서 태어났으며, 이후 캐나다와 미국으로 이

---

* 도지코인(Doge)의 열렬한 지지자로 유명한 일론 머스크는 자신이 수장으로 있는 '정부효율부'의 이름을 그와 동일하게 만들었다(DOGE, Department of Government Efficiency).

주하여 시민권을 취득했다. 현재는 남아프리카공화국 외에도 캐나다와 미국 국적을 모두 가지고 있는 것으로 알려져 있다. 친가는 유럽계이며 어머니는 캐나다 출신으로 18세 때 남아프리카공화국에서 캐나다로 이주했다. 남아프리카공화국에서 학교 다닐 때 성적을 보면, 아프리칸스어*가 61점, 고등 수학 자격증에서는 B를 받는 등 지금의 천재 이미지와는 많이 다르다.

남아프리카공화국은 2022년 1월 13일 자체기술로 개발한 3개 나노위성으로 구성된 MDASat-1을 미국 케이프커내버럴 우주기지에서 발사한 바 있다. 아프리카 국가가 자체 기술로 개발한 인공위성을 발사한 것은 최초이다. 일론 머스크가 운영하는 항공우주 장비 생산·수송 기업인 스페이스X의 소형 인공위성 발사 프로그램인 '트랜스포터 3'를 통해 발사되었다고 한다.

일론 머스크는 혁신적인 기술 개발과 미래 비전을 제시하여 세계인의 관심을 끌기도 하지만 때로는 예측 불가능하고 논란을 일으키는 발언과 행동으로 화제의 중심이 되기도 한다. 그는 출산율 감소에 대한 우려를 표명하며 더 많은 아이를 낳아야 한다고 주장하는 사람이다. 이를 실천이라도 하듯 지금까지 4명의 여성으로부터 대리모, 체외수정 등을 통해 모두 13명의 아이를 얻은 것으로 알려져 있다. 물론 이는 정상적인 결혼생활을 통해 얻은 친자를 포함한 숫자이다. 세간에 많이 회자

---

* 남아공 12개의 공식 언어중 하나로 영어와 함께 백인이 주로 쓰는 언어이다.

되었던 동료 직원에게 정자를 기증한 내용은 매우 흥미롭다. 비혼주의자이지만 아이는 갖고 싶어 한 동료 질리스에게 정자를 기증해 2021년 쌍둥이를 출산했고 이후 질리스와는 또 한 명의 자녀를 뒀다는 언론 보도를 보았다. 남자는 80세가 돼도 생식능력이 있다는데 지금 53세이니 앞으로 얼마나 더 많은 머스크의 자녀들이 나올지 매우 궁금하다.

미국 역사상 첫 흑인 대통령 버락 오바마 (Barack Hussein Obama II)

미국 44대 대통령이었던 버락 오바마는 케냐 출신의 아버지를 둔 혼혈이다. 버락은 스와힐리어로 '신의 축복을 받은 자'라는 의미이며, 중간이름 후세인은 무슬림인 그의 조부 이름을 딴 것이라고 한다. 오바마라는 이름은 케냐 루오족의 남자 이름으로 아버지가 케냐 출신의 흑인이고 어머니는 백인인 1세대 혼혈인이다. 우리가 알고 있는 첫 흑인 미국 대통령이라기보다는 첫 유색인종 미국 대통령이라는 표현이 더 적합할 듯하다. 오바마의 아버지는 케냐에서 유학생으로 미국에 왔다가 결혼했지만 자신이 원하는 대로 케냐에 돌아갔다. 버락 오바마가 어릴 때 부모는 이혼해서 백인인 외조부모에 의해 길러졌다고 한다. 버락 오바마는 10살 때 케냐에 있는 아버지를 처음으로 방문했고 이후에는 짧게나마 아버지와 교류하면서 케냐에 있는 친가를 방문한다고 한다.

최초의 심장이식 성공자

크리스천 버나드(Christiaan Neethling Barnard)

　버나드 박사는 인류 최초의 심장이식수술을 성공시킨 의사로 유명하다. 그는 1967년 12월 3일 케이프타운의 한 병원에서 심장이식수술에 성공하여 장기이식의 새로운 장을 연다. 최초의 심장이식을 받은 루이스 워쉬칸스키(Louis Washkansky)라는 사람은 급작스레 폐렴에 감염되어 18일 만에 사망했다. 하지만 이후로는 점차 생존기간이 늘어나 더크 반 질(Dirk van Zyl)이라는 환자의 경우는 이식받은 심장을 달고 무려 23년 동안이나 생존했다고 한다. 그는 또한 유전공학기술을 활용하여 미래에는 인공심장이 개발될 것이라고 예언하였다고 한다. 이러한 심장이식 수술은 기능적인 측면의 발전뿐 아니라 '심장이 멈추면 삶이 끝난다'라는 전통 관념을 뿌리째 흔들면서 새로운 윤리논쟁을 제기하기도 했다. 1922년 태어나 2001년 세상을 떠난 그는 의학 역사에 길이 남을 남아프리카공화국의 심장외과 의사였다.

우리나라에 남아프리카공화국 영어교사가 미국 다음으로 많다고?

　한국에 진출하는 원어민 영어 교사 중 남아프리카공화국 출신은 미국 다음으로 많다. 주남아프리카공화국 한국대사관은 2003년부터 2023

년까지 회화지도(E-2) 사증 발급을 받은 남아프리카공화국 국민이 12,346명에 이르고 있다고 밝혔다. 영어는 남아프리카공화국의 공식 언어 12개 중 하나로 과거 영국 식민지 시절의 영향으로 널리 사용되고 있다. 남아프리카공화국 출신 원어민 교사들의 한국 체험은 자국 한류의 원동력이 되기도 한다. 요하네스버그의 한 한국식당은 한국에 다녀온 영어교사들의 모임 장소가 되면서 한국인 손님보다는 현지인 손님들이 더 많다. 점심 먹으러 가면 떡볶이, 후라이드 치킨 등을 시켜놓고 대낮에 소주를 마시는 현지인들을 종종 볼 수 있었다. 이때 마시는 소주는 과일 향 소주가 많았다.

남아프리카공화국은 사하라 이남 아프리카지역에서 K-팝 최고의 시장으로 불린다. 순위별로는 남아프리카공화국이 가장 큰 K-팝 시장이며, 케냐와 나이지리아가 각각 그 뒤를 잇고 있다. 넷플릭스(Netflix)는 현재 남아프리카공화국과 전 세계 여러 국가에서 가장 인기 있는 K-드라마 스트리밍 플랫폼 중 하나이다. 남아프리카공화국에서는 Netflix K-드라마의 선택 범위가 Netflix 오리지널부터 K-드라마 애호가들이 꼭 봐야 할 목록에 있는 오래된 방송 드라마까지 다양하다.

K-푸드 또한 남아프리카공화국에서 인기가 높아지고 있으며 점점 더 많은 슈퍼마켓과 식당에서 라면이나 김치, 소주와 같은 한국 식품과 음식이 판매되고 있다. 남아프리카공화국의 한식당 수는 30개 이상인데 요즘은 정통 한식당뿐만 아니라 점점 더 많은 아시안 푸드 관련식당에서 김치를 제공하고 있어 흥미롭다.

K-뷰티는 최신 뷰티 유행 중 하나로 한류의 부상과 직결되는 분야이다. 특히 남아프리카공화국에서는 한국의 아름다움에 관한 관심이 높아지면서 한국 스킨케어 제품인 시트 마스크, 뷰티 워터(스킨 토너의 일종), 심지어 달팽이 점액과 같은 제품이 인기를 끌고 있다.*

영어교사 얘기가 나온 김에 남아프리카공화국의 영어가 다른 곳과 좀 다르게 쓰이는 몇몇 사례를 소개하겠다. 가장 흥미로웠던 단어는 로봇(robot)으로 남아프리카공화국에서는 신호등을 로봇이라고 한다. 자동으로 알아서 신호가 바뀌는 걸 보고 로봇이 연상되어 그렇게 부르는 것 같다. 또한 식당에서 우리가 흔히 냅킨이라고 부르는 걸 남아프리카공화국에서는 일반적으로 서비에트(serviette)라고 한다. 이는 프랑스의 영향을 받은 듯하다.

또 다른 예로 택시가 있다. 우리가 알고 있는 택시도 있긴 하지만, 남아프리카공화국에서는 대강의 노선이 정해져 있고, 일반 서민들 여럿이 같이 타고 다니는 미니버스를 택시라고 부른다. 이런 종류의 차를 택시라고 부르는 것은 남아프리카공화국뿐만 아니라 다른 아프리카 국가에서도 흔히 볼 수 있다.

---

* 김명희(2024), 〈남아프리카공화국 소비자의 K-뷰티 구매행동에 관한 연구: 기능성화장품을 중심으로〉 단국대학교 대학원, 중동·아프리카학과중동·아프리카학 박사학위 취득논문, 54쪽.

남아공 미니버스 택시

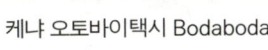
케냐 오토바이택시 Bodaboda

남아공 소형택시 볼트

남아공 툭툭

아프리카의 사람(people)

아프리카의 일상(life)

초콜릿은 가나?

가나는 1970년대 중반부터 우리에게 초콜릿으로 알려지기 시작한 나라 이름이다. 가나라는 나라가 어디에 있는지는 몰라도 가나 하면 연이어 초콜릿이라는 말이 나올 정도로 우리 입에 붙은 연상단어이다.

초콜릿은 카카오나무에서 카카오 콩(bean)을 추출하여 발효와 건조과정을 거쳐 로스팅한 후 얻은 카카오 닙스*를 곱게 으깨어 얻는다. 카카오나무는 주로 열대 기후의 습하고 따뜻한 지역에서 재배된다. 예전에는 가나가 세계 최고의 카카오 생산국이었으나 최근에는 이웃나라

* 카카오 열매 속 씨앗인 카카오 빈을 발효, 건조, 로스팅한 후 껍질을 벗겨 잘게 부순 것이다.

나무에 달린 카카오 열매 　　　바나나 잎 위에 놓여있는 달달한 카카오 과육

인 코트디부아르에게 1위 자리를 내주었다. 카카오의 종류에 따라 다르기는 하지만 카카오의 흰색 과육은 달달하여 즙으로 만들어 판매되기도 한다. 필자가 카카오 농장을 방문했을 때 안내자가 맛보라고 카카오 과육을 줬는데 맛있어서 결국은 한 통을 다 먹은 기억이 난다.

　가나는 아프리카 서부 코트디부아르와 토고 사이에 있는 나라이다. 코코아나무가 원래부터 가나에서 자라던 토종 나무는 아니었다. 우리나라의 고려시대 문익점이 목화씨를 원나라에서 들여와 목화를 재배한 것과 흡사한 이야기가 여기에 숨어있다. 가나 카카오 산업의 아버지라 불리는 테테 콰시에(Tetteh Quarshie)는 1879년 적도기니의 페르난도포(Fernandopo) 섬에서 카카오나무를 보고 그 가능성에 이끌려 카카오 씨

테테 콰시에(Tetteh Quarshie)

앗을 몰래 숨겨 가나로 들여왔다. 가나로 돌아온 그는 자신의 농장에 카카오 씨앗을 심고 연구한 끝에 마침내 카카오나무를 키워내는 데 성공했다. 이후 점차로 많은 사람들이 카카오 재배에 참여하게 되었고, 가나는 세계적인 카카오 생산국으로 성장하게 되었다. 카카오는 가나 경제의 주요 수출 품목이 되면서 국가 경제에 큰 기여를 하며 가나 사람들의 삶을 풍요롭게 만들고 있다. 우리나라가 가나에서 제일 많이 수입하는 품목이 바로 카카오로 2024년 기준 1,982만 달러 규모였다.

    가나는 초콜릿 외에 참치 원양어선의 활동이 활발한 곳으로 유명하다. 우리 한국 기업도 현지에 가공공장을 세워 참치 캔 제품을 생산하고 있다. 2,500명의 직원을 고용하여 생산한 참치 제품들은 전량 유럽으로 수출된다고 한다. 제조공장을 둘러보기 전에는 직원이 그렇게 많이 필요할까 라는 생각이 들었다. 하지만 막상 가서 보니 참치 살과 가시를 사람 손으로 하나하나 발라내는 작업에서 노동집약적인 사업임을 실감했다. 가나는 인근 바다에서 참치가 많이 잡히기도 하지만 저렴한 노동력을 활용할 수 있는 참치 캔 제조의 최적지였다.

참치공장의 작업자들

수출 길로 향하는 참치 캔

아프리카 사람들은 뭘 먹고 살까?

우리의 주식은 쌀이다. 최근 아프리카에는 K-라이스벨트 사업*이 추진되고 있다. 우리 정부가 아프리카 7개국(세네갈, 감비아, 기니, 가나, 카메룬, 우간다, 케냐)을 대상으로 2027년까지 연간 216만 톤의 쌀을 생산할 수 있는 생산 기반을 구축하고 있다. 그렇다면 대부분의 아프리카가 우리처럼 쌀을 주식으로 하고 있다는 얘기일까?

아프리카의 경우는, 식물의 뿌리인 얌(Yam)과 카사바(Kasabah), 그리고 옥수수가 음식의 주재료이다. 얌은 아프리카가 원산지로 가나, 나이지리아 등 열대기후인 서아프리카에서 주로 재배되며 카사바는 남아메리카가 원산지로 케냐, 모잠비크 등 아프리카 전역에서 재배되고 있다.

밭에서 캐 온 얌   일반적인 얌 음식

* 한국정부가 2023년부터 아프리카 식량안보 강화를 위해 공적개발원조(ODA) 사업으로 진행하는 프로젝트이다.

얌으로 만든 칩

얌으로 만든 고로케

밭에서 캐 온 카사바

카사바 음식

밭에서 캐 온 아프리카 감자

아프리카 감자 음식

우갈리는 동아프리카, 특히 케냐, 탄자니아, 우간다 등에서 즐겨 먹는 주식이다. 옥수수 가루에 뜨거운 물을 부어 반죽한 음식으로, 우리나라의 찰기 있는 떡이나 죽과 비슷한 식감을 가지고 있다. 언뜻 볼 때에는 우리나라의 백설기 같은 모양이다. 하지만 막상 먹어보면 간을 하지 않아 매우 밍밍한 맛이다. 대신 함께 먹는 반찬에 따라 다양한 맛을 낼 수 있다. 일반적으로는 기름에 볶은 채소나 스튜와 함께 먹는다. 케냐에서는 수쿠마라는 채소 요리를 우갈리와 함께 즐겨 먹는데, 수쿠마는 케일을 잘게 썰어 기름에 볶은 요리로 우갈리의 심심한 맛을 보완해 준다. 이 음식은 지역에 따라 Fufu, Pap, Sadza, Nshima 등 다양한 이름으로 불리고 있다.

우갈리

인제라

　에티오피아와 에리트레아의 주요 식품으로는 인제라(Injera)가 있다. 이는 일반적으로 테프(Teff) 가루를 발효시켜 만들며 스튜와 야채를 담는 접시이자 싸 먹는 도구 역할을 한다. 테프는 지름이 1mm 미만인 세상에서 가장 작은 곡물 중 하나이다. 흰색, 붉은색, 갈색 등 다양한 색상이 있으며 글루텐이 없어 글루텐 불내증이 있는 사람들도 섭취할 수 있다고 한다. 솔직히 처음 먹어본 필자에게는 그리 감탄할 정도의 맛은 아니었다. 하지만 에티오피아에 잠깐이라도 살았던 한국인들에게는 마치 마약성분이라도 들어있는 것처럼 그 맛을 못 잊고 그리워하는 음식이라고 한다.

졸로프 라이스

졸로프 라이스(Jollof Rice)는 서부 아프리카의 대표적 음식이다. 나이지리아에서부터 가나, 코트디부아르에 이르기까지 즐겨 먹으며 불어권에서는 Riz gras(기름진 라이스)라고 불린다. 주로 축하 음식으로 사용되며, 긴 쌀에 토마토, 양파, 향신료, 고기 또는 생선을 넣고 조리한 냄비 쌀 요리이다.

북아프리카에서는 주로 쿠스쿠스(couscous)를 먹는다. 스팀에 찐 세

포장된 쿠스쿠스

쿠스쿠스 요리

몰리나(semolina)* 곡물로 야채나 구운 고기와 함께 제공된다. 프랑스에 근무할 때 쿠스쿠스를 먹어 본 기억이 있는데 그때는 '그냥 이런 맛이 쿠스쿠스구나'라고 느끼는 정도였다. 그러다 알제리에 근무하면서 먹어 본 쿠스쿠스는 정말 맛있어서 지금도 먹고 싶을 정도이다. 어느 나라든 그 나라의 전통음식들은 먹으면 먹을수록 잊지 못하게 하는 마법을 가진 듯하다. 마치 우리나라의 김치처럼.

    알제리에 있을 때 예상 밖의 식재료를 만난 기억이 있다. 바로 송이버섯이었다. 선선한 가을철 비가 한차례 내린 다음부터 재래시장에 나온다. 한국만큼 강한 송이 향은 아니지만 타국에서 먹는 송이버섯으로는 나무랄 데 없이 쫄깃하고 향기로웠다. 버섯 나오는 철에 많이 사서 냉동고에 넣었다가 고기를 구워 먹을 때마다 곁들이면 절로 행복해 진

---

* 듀럼 밀(Durum wheat)의 중심부를 갈아서 만든 거친 입자의 밀가루를 일컫는다.

채취된 송이버섯　　　　　냉동고로 향할 손질된 버섯들

다. 더욱이 한국의 송이버섯과는 상대가 안 될 정도로 저렴하니 행복감이 배가 되었으리라.

마다가스카르의 주식이 쌀이라고?

마다가스카르는 세계에서 네 번째로 큰 섬*으로 아프리카 대륙 동쪽 인도양에 자리한다. 남아프리카공화국에서 비행기로 3시간이면 도착한다. 2023년 기준 인당 GDP 500달러 정도로 세계 최빈국 중 하나이다. 마다가스카르의 주민들은 말라가시인이라고 불리며, 동남아시아의 말레이족과 가까운 문화를 가지고 있다.

---

* 세계 1위는 그린란드, 2위는 뉴기니, 3위는 보르네오이다.

마다가스카르 안타나나리보 공터에 모여 있는 사람들   야채를 넣어 만든 마다가스카르 쌀죽

　마다가스카르 사람들의 주식은 쌀이다. 우리나라 사람들이 밥을 주식으로 삼는 것처럼, 마다가스카르 사람들도 쌀로 끼니를 해결한다. 더 흥미로운 점은 마다가스카르 사람들이 쌀로 밥을 지은 후 냄비에 물을 부어 숭늉을 만들어 먹기도 한다는 것이다. 여러 모로 우리와 비슷한 식문화를 가지고 있다.

　마다가스카르는 독특한 생태계와 문화를 가진 섬나라로 알려져 있다. 약 1억 6천만 년 전 아프리카 대륙에서 분리되어 오랜 시간 고립된 환경 속에서 진화해 온 결과, 지구상 어디에서도 볼 수 없는 독특한 생물들이 서식하고 있다. 마다가스카르에 서식하는 동식물의 80% 이상이 이곳에서만 발견되는 고유종이다. 가장 잘 알려진 것으로는 여우원숭이, 카멜레온, 바오바브나무 등이다. 특히 바오바브나무는 마다가스카르에 6종이 서식하며, 그 모양이 독특하여 세계인들의 많은 관심을 끌고 있다. 또한 우리에게는 잘 알려져 있지 않지만 마다가스카르는 세계 최대의 바닐라 생산국이다. 2024년 한 해 동안 2억 3,311만 달러의 바닐라가 수출되어 마다가스카르 전체 수출의 9.1%를 차지했다.

마다가스카르가 우리와 연이 있는 것은 암바토비 광산이다. 한국광해광업공단(KOMIR)과 일본 스미토모상사가 공동 참여하고 있는 프로젝트이다. 광해광업공단은 지난 2006년 안정적인 니켈 확보를 목표로 대우인터내셔널(현 포스코인터내셔널), STX와 한국컨소시엄을 구성해 암바토비 광산에 11억 달러(약 1조 4,400억원)를 투자했다. 한국컨소시엄은 초기 지분 27.5%에서 현재는 45.82%로 지분을 확대했는데 광해광업공단이 38.17%로 가장 많은 지분을 보유하고 있으며, 포스코인터내셔널은 6.12%, STX는 1.53%를 보유하고 있다. 스미토모는 나머지 지분 54.18%를 차지하고 있다. 암바토비 광산은 면적만 1만 6천 헥타르로, 마다가스카르 수도 안타나나리보에서 동쪽으로 약 80km 떨어진 모라망가(Moramanga) 인근에 자리하고 있다. 니켈과 코발트, 황산암모늄 등이 풍부하며 뉴칼레도니아 SNL과 인도네시아 소로아코와 함께 세계 3대 니켈 광산으로 평가받는다. 연간 최대 니켈 4만 8천톤과 코발트 4천톤을 생산할 수 있는 습식제련(HPAL) 설비를 갖추고 있는데 2050년까지 운영될 것으로 예상된다. 또한 마다가스카르는 중국에 이어 흑연 생산 2위 국가이다. 우리 포스코계열사가 마다가스카르 흑연 생산에 투자하여 글로벌하게 공급망을 다각화하고 있다.

아프리카에는 어떤 해산물이 있을까?

아프리카는 긴 해안선을 가지고 있어 다양한 해양 생물의 서식지이다. 특히 따뜻한 해류와 풍부한 플랑크톤은 다양한 종류의 어류와 해산물을 서식하게 한다. 우리나라는 2023년 기준 세계 각국으로부터 냉동생선 12억 4,226만 달러를 수입했는데* 그중 아프리카로부터의 수입은 약 8%인 9,552만 달러였다. 다음은 아프리카에서 흔히 볼 수 있는 대표적인 생선과 해산물이다.

바다가재(lobster)

찜, 구이 등 다양한 요리에 활용되며 고급 식재료로 인기가 높다. 바다가재는 북아프리카 지중해에도 있고 아프리카 남단에도 많이 볼 수 있는 식재료이다. 알제리에 있을 때 회감을 구하러 파견 주재원 남자 몇 명과 함께 새벽시장을 간적이 있다. 알제리는 이슬람국가이기 때문에 여자 혼자 시장에 다니지 않는다. 특히 새벽시장에서 여자는 필자 혼자였는데 남자들과 함께 다니는 외국 여자였기에 문제는 없었다. 싱싱한 횟감을 구하기 위해 바다가재의 더듬이를 여기저기 건드리다 상인한테 야단맞은 기억도 있다. 바다가재 가격이 알제리 물가치고는 그리 싸지 않았다. 인당 5만 원 정도는 투자해야 어느 정도 먹을 수 있었던 걸로 기억한다. 그 전에는 매우 저렴했었는데 중국인들이 많이 들어오면서

---

* 냉동생선을 가장 많이 수입한 국가는 러시아, 중국, 노르웨이이다.

알제리
바다가재

남아공
바다가재

모잠비크
바다가재

비싸졌다는 얘기가 있었다. 또한 어부들이 지중해에서 잡은 가재를 바로 바다에서 유럽인들에게 넘겨 알제리로 들어오는 물량이 적다는 얘기도 있었다. 필자는 생선회를 무척 좋아하지만 알제리 바다가재 회만큼 달고 맛있는 회를 먹어본 적이 없다고 감히 말하고 싶다. 한 가지 더 생각나는 것은 가재 살이 대부분 흰색이었는데 간혹 분홍빛도 있었다. 대부분의 것과 달라서 분홍색의 것은 상했다고 의심을 했는데 오히려 더 감칠맛이 났다. 나중에 알고 보니 그 가재는 암컷이었다.

참치(tuna)

아프리카 해역에서 잡히는 참치는 고급 식재료로 인기가 높다. 황다랑어, 눈다랑어 등 다양한 종류의 참치가 있으며, 주로 회, 스테이크 등으로 요리된다. 알제리에 있을 때 60cm 정도 길이의 참치를 사서 회로 먹은 적이 있다. 당시 횟감 관리를 잘못해서인지 비린내가 좀 나서

알제리 참치

먹다 남은 재료는 익혀 먹었었다.

    2021년 5월에 "한국인 선장 탄 참치잡이 배, 가나 앞바다서 피랍"이라는 제하의 언론 보도가 나왔다.* 이런 사건 보도는 서부아프리카에서 종종 날아오는 비보이다. 서아프리카 기니 만 해역은 해적이 자주 출몰하는 지역이다. 가나는 원양어업의 전진기지로 많은 참치잡이 배들이 중간기착지로 이용하고 있다. 국민의 약 10%가 수산업에 종사하고 있을 정도로, 수산업이 주요 산업이다. 유럽인이 어업을 주도하는 다른 서부아프리카 국가와 달리 가나의 참치어업은 한국인이 주도하고 있다. 가나 국민이 가장 선호하는 국가가 한국이라는 점은 이를 방증한다.

---

* 연합뉴스 2021년 5월 21일.

장어(anguille*)

한국에서 장어를 제일 많이 수입하는 국가는 지중해 연안의 모로코이다. 2023년 기준 32만 달러를 수입했는데 모로코가 98.5%를 차지하고 있다. 우리나라에서 잡히는 '자포니카'종은 아니지만 식감이 거의 비슷해 우리나라와 일본 등지에서 수입하여 민물장어 구이로 판매되고 있다. 국산보다 약간 싼 가격인데 국산과 구별하기 힘들 정도로 맛있다고 하며 프랑스 요리에도 사용된다.

알제리 근무할 때 한국인 한 분이 무역관에 들러 장어 치어를 수입하러 왔다고 했다. 장어를 성어로 수입하기에는 물류비가 많이 들어 치어를 수입해 한국에서 기르려 한 것이다. 그 당시만 해도 지중해 지역의

숯불에 익어가는 알제리 장어구이

한국슈퍼에 있는 모로코산 장어

---

* 영어로는 eel이나 대부분 모로코에서 수입하고 있어 모로코에서 쓰는 불어로 표기한다.

민물장어가 한국에서 그리 유명한지 몰랐다. 지중해의 건강하고 깨끗한 이미지가 장어에까지 적용돼 한국인들의 사랑을 받는 모양이다. 독자분이 맛있게 먹은 장어구이가 어쩌면 아프리카산일 가능성이 높다.

고등어(mackerel)

고등어는 아프리카 서해안에서 많이 잡히며 기름기가 많아 맛이 있고 영양가가 높다. 하지만 수요량에 비해 어획이 충분치는 않아 보인다. 최근 우리나라 고등어가 아프리카로 수출된다는 기사를 보았다. 2023년 우리나라 냉동 고등어 수출액은 약 1억 653만 달러였고 가나, 나이지리아, 코트디부아르 3개국으로의 수출이 전체 수출의 60% 이상을 차지했다. 아프리카는 원래 러시아와 일본에서 수산물을 많이 수입해 왔다. 하지만 러시아-우크라이나 전쟁으로 서방의 무역 제재가 심해졌고, 일본도 후쿠시마 오염수 방류를 시작한 뒤 어선 출항을 줄여 고등어 어획량이 감소했다. 이런 상황 속에서 국내산 고등어가 가성비를 앞세워 아프리카를 사로잡은 것이다. 국내 연근해에서 잡히는 고등어 중 3분의 2는 씨알이 작고 맛이 떨어지는 '망치고등어'라고 한다. 우리나라는 구이나 조림을 선호하기 때문에 주로 노르웨이에서 수입한 대형 고등어를 즐겨 먹고, 망치고등어는 주로 사료용으로 쓴다고 한다. 반면 아프리카는 생선을 훈제해서 먹는 요리가 발달하여 작고 가격이 저렴한 망치고등어가 인기를 얻는 것 같다.

알제리 상어류

상어(shark)

아프리카 해역에는 백상아리, 청상아리 등 다양한 종류의 상어가 서식하고 있다. 한국은 2023년 기준 400만 달러의 상어류를 수입했는데 그중 28%가 아프리카로부터 들여온 것이다. 나미비아로부터의 수입이 가장 많았으며 남아공과 세이셸이 그 뒤를 잇는다. 우리나라 경상도에서는 명절 차례상 음식으로 상어고기를 '돔배기'라 하여 산적이나 탕국으로 올리고 있는데 조상님들이 아프리카산 '돔배기'를 국산 못지않게 즐기실 것 같다.

알제리 새우   모잠비크 딱새우   모잠비크 새우

새우(shrimp)

아프리카 해안가에는 다양한 종류의 새우가 서식하고 있다. 새우는 볶음, 찜, 튀김 등 다양한 요리에 활용되며, 특히 칵테일 새우는 샐러드나 샌드위치에 많이 사용된다. 우리나라에도 대하, 꽃새우, 닭새우, 보리새우 등 맛있는 새우가 많으나 필자의 경험으로는 모잠비크의 딱새우(lagostin*)가 가장 맛있었던 것 같다. 전 세계적으로 이 딱새우와 스페인산 빨간 새우 카라비네로(carabinero)가 맛이 좋아 새우계의 에르메스로 불린다.

오징어(squid)

아프리카 해역에는 칼라마리, 한치, 갑오징어 등 다양한 종류의 오징어가 서식한다. 오징어는 튀김, 볶음 등 다양한 요리에 활용되는 식재

---

*   현지에서 쓰이는 포르투갈어이며, 영어로는 langoustine이라고 한다.

칼라마리 요리 　　　　　 알제리 갑오징어

료이다. 칼라마리는 우리가 흔히 알고 있는 오징어보다는 크기가 작다. 북아프리카 지중해 근해에는 주로 갑오징어가 잡혀 알제리에 있을 때 일반 오징어는 거의 보질 못했다.

문어(octopus)

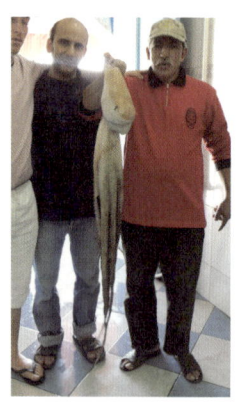

2m 가까이 되는 대형 알제리 문어

아프리카 해안가에서는 문어를 쉽게 찾아볼 수 있다. 특히 북아프리카 지중해에서 문어는 많이 나온다. 삶거나 구워 먹으며, 쫄깃한 식감이 특징이다. 문어는 우리나라 강원도나 영남지역 제사상에 오르는 귀한 음식이었지만 요새는 전국적으로 소비가 많아 삼치나 조기보다 더 많이 팔리고 있다. 무려 해산물 소비 10위권 안으로 올라왔다. 해외 10여 개 국가에서 한국으로 문어를 수출한다. 특히 아프리카의 모리타니아, 모로코 문어들이 많이 수입되어 마트에서 팔리고 있다. 아프리카산 문어의 경우 우리나라산보다 조금 크지만 식감이나 외형이 가장 흡사하고 저렴해서 인기가 많다.

해삼(sea cucumber)

해삼은 아프리카 해안가에서 흔히 볼 수 있는 해산물 중 하나이다. 중국 요리에 많이 사용되기 때문에 건해삼 형태로 중국에 대부분 수출되고 있다. 모잠비크에서 '마꾸쪼쪼'라고 불리는 해삼은 한국 해삼과 조금 다른 종류이지만 10여 년 전까지만 해도 해안가에서 흔히 볼 수 있었다고 한다. 하지만 요즘은 중국인들이 무작위로 포획해서 그런지 예전만큼 흔히 볼 수는 없다고 한다. 중국인 눈에 띄면 먹거리는 어느새 사라지고 가격은 오르는 현상이 이 해삼에도 적용되는 것이다. 특히 중국 사람들은 건해삼 요리를 매우 고급스러운 음식으로 여긴다고 한다. 중국인들의 유별난 해삼사랑은 멕시코, 마다가스카르 등 전 세계 어장에서 해삼의 씨를 마르게 하고 있다. 참고로 해삼을 말릴 때는 소금물에 푹 삶아 1/10 크기로 줄어든 이후에 말린다고 한다.

갈치(cutlassfish)

갈치는 칼과 유사한 모양이라 그렇게 불리게 되었다고 한다. '갈'은 '칼'의 옛말이고 '치'는 물고기를 나타내는 접미사이다. 영어로는 갈치가 커트러스피시(cutlassfish)인데, 서양에서 옛 선원이나 해적들이 쓰던 칼(cutlass)과 유사해 붙여진 이름이다. 발음은 다르지만 그 기저의 뜻이 같다는 것이 새삼 놀랍다.

아프리카 세네갈의 갈치가 우리 식탁에 등장한 지도 10년이 넘었다. 2013년 세네갈 갈치는 중국을 제치고 갈치 수입 1위 국가의 자리를 차지했다. 당시 제주 갈치가 아프리카 세네갈에서 수입한 것보다 값이 떨어져 세간의 관심이 집중되기도 했다. 세네갈 산 갈치는 우리나라 갈치와 다른 남방갈치로 눈동자가 노랗고 송곳니가 국산 갈치보다 월등히 크다. 맛은 국내산과 크게 다르지 않고 대체로 맛있다는 평이다.

우리나라가 세계로부터 수입하는 갈치 규모는 2023년 기준 5,026

남아공 중국슈퍼에 진열된 갈치

만 달러였으며, 그중 44%를 아프리카로부터 가져왔다. 북아프리카의 모로코가 999만 달러로 1위 수출국이었으며, 중동의 오만이 2위(992만 달러), 세네갈은 3위(954만 달러)를 차지했다. 세네갈에는 한국교민들이 250~300명 정도 살고 있으며 수산업에 종사하는 분들이 많다.

조개(shellfish)

아프리카 해안가에는 다양한 종류의 조개가 서식한다. 조개는 찜, 구이 등 다양한 요리에 활용되며, 특히 홍합은 해물찜에 많이 사용된다. 아프리카 동해안에는 맛이 뛰어난 가리비가 많이 잡힌다고 한다.

모잠비크 조개

홍합 요리

하늘에서 바라본 빅토리아 호수

틸라피아

틸라피아(Tilapia)

민물 생선으로는 단연 빅토리아 호수*의 틸라피아를 꼽을 수 있다. 틸라피아는 아프리카가 원산지인 열대성 담수어로 전 세계적으로 양식되어 널리 소비되는 생선이다. 흰 살 생선으로 맛이 담백하고 뼈가 적어 스테이크, 구이, 튀김 등 다양한 요리에 활용된다. 빅토리아 호수의 틸라피아는 단순한 물고기를 넘어 지역 주민들의 삶과 생태계 유지에 필수적인 존재이다.

위에 소개된 해산물 외에도 굴, 소라, 조기, 도미, 다금바리, 머드크랩 등 아프리카에는 정말 다양한 종류의 생선과 해산물이 서식한다. 우

---

* 아프리카 대륙에서 가장 크고, 세계에서 미국의 슈피리오호 다음으로 큰 담수호이다. 그 면적이 한반도의 약 1/3에 달하며 우간다, 탄자니아, 케냐 3개국에 걸쳐 있다.

리나라 마트에서는 기니아산 긴가이석태가 침조기로 많이 팔리고 있으며 남아공과 세네갈 산의 갈치도 많이 볼 수 있다.

우리나라에서는 온도상승 및 남획으로 어족자원이 부족해짐에 따라, 아프리카의 풍부한 수산자원을 활용하기 위해 정부 차원의 협상이 많이 진행되고 있다. 2024년 6월 한·아프리카 정상회의에서도 '해양수산 국제협력 컨퍼런스'를 별도로 개최하여 아프리카 주요 연안 12개국과 협상이 진행된 바 있다.

다양한 해산물

이게 아프리카에서 왔다고?

참깨

'열려라 참깨!' 『알리바바와 40인의 도둑』 이야기에서 가장 유명한 구절일 것이다. 참깨가 여기서 등장한다는 의미는 중동에서도 귀한 식재료였음을 암시한다. 참깨로 만든 스낵을 아프리카에서는 어렵지 않게 만날 수 있다. 2023년 우리나라의 참깨 수입액은 1억 6,232만 달러로 수입의존도 90% 이상이다. 수입의 절반은 중국으로부터이며 인도가 그다음을 차지하고 있다. 그리고 아프리카 나이지리아와 부르키나파소가 각각 3위와 5위를 차지하기에 아프리카로부터의 수입은 전체 수입액의 약 5%를 점하고 있다. 참깨는 기계화가 쉽지 않은 작물이어서 탄자니아, 나이지리아, 에티오피아 등 비교적 노동력이 풍부하며 인건비가 싼 국가들이 주로 재배하고 있다.

담배

우리나라는 아프리카 담뱃잎의 주요 수입국이며 담배 완제품의 아프리카 수출국이다. 우리나라의 담배(MTI* 0154 연초류) 수입국은 2024년 기준 필리핀이 1억 1,750만 달러(담배 수입비중 24.3%)로 가장 많았으며 브라질(18.5%), 인도네시아(8.8%), 인도(7.8%), 미국(6.2%) 등이 그 뒤

---

* 산업자원부(Ministry of Trade and Industry) 품목분류표(MTI Code)를 가리킨다.

를 이었다. 2024년 기준으로 아프리카 국가 중 탄자니아, 짐바브웨, 말라위 3개국이 수입국 10위권 안에 포함돼 있다. 우리나라 담뱃잎 수입에서 아프리카 국가들이 차지하는 비중은 15.7%이다. 한편 탄자니아에선 2022년 2,230만 달러(탄자니아로부터 전체 수입액의 52%), 2023년 843만 달러, 2024년 2,065만 달러 규모의 담뱃잎을 우리나라에 수출하였다. 짐바브웨 또한 2024년 기준으로 우리나라로의 수출품 대부분이 담뱃잎으로 전체 수출의 92%를 차지하였다.

커피

아프리카 커피는 우리에게 꽤 많이 알려져 있다. 아프리카는 커피의 고향으로 세계에서 가장 오래되고 다양한 커피 품종을 자랑한다. 에티오피아의 고지대에서 처음 발견된 커피는 아프리카 대륙을 거쳐

커피나무 열매

커피나무 꽃

전 세계로 퍼져나갔다. 아프리카 커피는 독특한 풍미와 향미를 지니고 있어 많은 커피 애호가들에게 사랑받고 있다. 에티오피아의 예가체프(Yirgacheffe), 케냐 AA, 탄자니아 키루무(Kirumu) 등 아프리카의 많은 커피가 고유의 풍미를 가지고 있다.

2023년 우리나라의 커피 수입액은 11억 1,111만 달러로 국가별로는 브라질, 콜롬비아, 미국 순으로 수입이 많았다. 아프리카에서는 에티오피아가 1억 755만 달러로 세계 5위의 수입국을 차지했다. 우리에게 케냐AA로 잘 알려진 케냐 커피는 에티오피아보다 적은 1,500만 달러 수준으로 12위의 수입국으로 자리하고 있다.

아프리카 커피는 대부분 해발 고도가 높은 지역에서 재배된다. 고지대에서 자란 커피는 서늘한 기온과 강한 햇볕 덕분에 단맛과 산미가 풍부하다. 특히 케냐 산 커피는 산미가 많은 것으로 유명하다. 에티오피아는 커피의 발상지로 예가체프, 시다모(Sidamo) 등은 그 커피의 독특한 풍미로 인해 전 세계적으로 높은 평가를 받고 있다. 탄자니아의 키루무, 아루샤 또한 견과류 향과 약간의 스파이시한 맛의 커피 생산지로 유명하다. 그 외 우간다, 부룬디, 르완다 등도 커피를 생산하며 각자의 독특한 풍미를 가지고 있다. 케냐에 있을 때, 커피농장을 방문해서 커피나무와 커피 열매, 그리고 꽃들을 살펴볼 기회가 있었다. 커피 꽃 색깔은 커피색이 아닌 하양이었고, 그 향은 기대했던 커피향이 아니라 상큼한 재스민 향이 났다.

아프리카 커피는 단순히 마시는 커피를 넘어 하나의 문화이다. 커피를 마시는 것은 사람들과 교류하고, 이야기를 나누는 소중한 시간이다. 알제리에 근무할 때, 노천 카페에서 커피 한잔을 놓고 한 시간이고 두 시간이고 얘기 나누는 걸 볼 수 있었다. 알제리는 프랑스의 영향으로 에스프레소를 마시기 때문에 그 양이 적다. 그런데도 그 한 잔으로 몇 시간씩 담소 나누는 걸 보면 감탄이 절로 나온다.

에티오피아는 손님을 맞이하거나 특별한 날에 커피 세레모니를 한다. 신선한 커피 생두를 숯불에 직접 볶아 향긋한 커피 향을 내고 볶은 커피를 절구에 넣고 곱게 갈아 커피 가루를 만든다. 제베나(Jebena)라는 전통 주전자에 커피 가루와 물을 넣고 끓여 커피를 만든다. 이는 커피가 단순한 음료가 아니라 귀한 손님에게 정성을 다해 대접하는 하나의 문화적 상징이기 때문이다.

케냐의 전통 카페 모습

에티오피아의
커피 세레모니를 준비하는 여인

기타 약용 식물

우리에게도 꽤 알려져 있는 '악마의 발톱'*이라는 식물이 다양한 약효를 지닌 귀한 약재로 쓰인다. 남아프리카 칼라하리 사막의 척박한 환경에서 자생하는 이 식물은 기묘한 생김새 때문에 '악마의 발톱'이라는 명예롭지 못한 이름을 얻었다. 특히 사자가 부상을 치료하기 위해 일부러 찾아서 먹는다는 소문과 함께 오랫동안 전통 의학에서 관절염, 류머티즘, 통증 완화 등에 사용되어 왔다.

케냐에 근무할 때, 몸에 감기 기운이 있을 때 현지직원들이 권하던 차가 있었다. 바로 님(Neem) 차였다. 전통적으로 건강 증진을 위해 소비되는 허브 차로 님 나무의 잎에서 추출하여 만든다. 주로 케냐와 같은 아열대 및 열대 지역에서 자생하며 특유의 쓴맛과 함께 약용 특성으로 오랫동안 알려져 왔다.

남아프리카공화국의 루이보스 차도 꽤 유명하다. 케이프타운 근처의 고산지대에서 자라는 콩과 식물의 잎을 건조하여 만든 것이다. 카페인이 전혀 없고, 붉은 색깔과 독특한 향미를 가지고 있어 전 세계적으로 많은 사람에게 사랑받고 있다. 임산부, 수유부, 어린이도 안심하고 마실 수 있으며 강력한 항산화 성분이 풍부하여 노화 방지에 도움이 된다.

---

* 남아공을 방문하는 한국관광객들이 관절염을 가진 부모님을 위해 꼭 사가야 하는 품목으로 한때 인기를 끌었으나 즉각적인 약효가 모호해 지금은 인기가 많이 시들해졌다.

◀ 악마의 발톱
출처: https://www.inteleziherbs.co.za/product/harpagophytum-procumbens-devils-claw/

▲ 님(Neem)
출처: https://cdn.britannica.com/04/176604-050-1E9DDFFC/Neem-leaves-fruit.jpg

▶ 루이보스(Rooibos)
출처: 위키백과 /
ⓒ Winfried Bruenken

아프리카에도 와인이 난다고?

아프리카 대륙에서 와인 생산 국가들로는 북아프리카인 모로코, 알제리, 튀니지와 소규모이긴 하지만 중부 아프리카인 케냐, 탄자니아, 그리고 남부 아프리카인 남아프리카공화국 등이 있다.

북아프리카의 경우 고대 페니키아인과 그리스인들이 북아프리카 지역에 정착하면서 포도 재배와 와인 제조 기술을 전파했다. 로마 제국 시대(BC 27~AC476)에는 와인이 중요한 식량이자 문화적 상징으로 자리 잡아 북아프리카 지역에도 포도밭이 널리 조성되었다. 특히 프랑스의 식민지 지배(1830~1962)는 북아프리카 와인 산업에 큰 영향을 미쳤다. 프랑스인들은 현지에 포도밭을 조성하고 유럽의 포도 품종과 양조 기술을 도입했다. 북아프리카는 독립 이후에도 와인 산업을 국가 경제에 기여하는 중요한 산업으로 인식하여 지속적으로 발전시켜 왔다.

알제리 와인

이슬람이 국교인 북아프리카에서 어떻게 율법 상으로 금지된 술을 생산할 수 있을까? 역사적으로 이 지역은 포도 재배와 와인 생산이 활발했다. 따라서 와인은 중요한 경제적 수입원 중 하나였다. 생산된 와인은 무슬림인 자국민을 판매 타깃으로 하는 게 아니라 외국으로 수출하거나 외국인 관광객 또는 비무슬림을 대상으로 판매되는 것이다. 어쨌든 북아프리카는 다소 관용적인 이슬람 문화로 우리 같은 외국인이 좀 더 자유롭게 알코올음료를 접할 수 있다. 이는 이들 국가들이 종교적, 정치적 신념보다는 사실상 경제적 동기를 더 중요하게 여기고 있음을 시사해 준다. 실은 아마 거의 모든 국가들이 그러할 것이다.

남아프리카공화국은 아르헨티나, 호주, 캐나다, 칠레, 뉴질랜드, 미국 등과 함께 신세계(new world) 와인 생산국으로 알려져 있다. 신세계 와인은 일반적으로 구세계(유럽과 중동)보다 따뜻한 기후에서 생산되는 경향이 있다. 그 결과 포도는 일반적으로 구세계 와인보다 더 달고, 알코올 함량이 약간 더 높고, 과일 맛이 더 강하고, 바디감이 풍부하다.

남아프리카공화국에는 어떻게 포도나무가 도달했을까? 1600년대에 유럽인들이 세계를 식민지화하기 시작했고, 많은 사람이 와인 제조 기술을 가져왔다. 최초의 포도나무는 케이프타운으로 옮겨져 1655년에 네덜란드 정착민에 의해 심어졌고, 오늘날 우리가 알고 있는 남아프리카공화국 와인 산업이 탄생하게 되었다. 그들의 초기 목표는 선원들의 괴혈병을 퇴치하는 것이었지만 이것이 남아프리카공화국 와인의 탄생을 이끌었다. 최초의 와인 한 병은 1659년에 생산되었다. 이후 17세기 후반에 프랑스 위그노* 난민이 도착하여 포도재배와 포도주 제조에 그들의 전문 지식이 투입되면서 포도주 산업이 번창하게 되었다.

남아프리카공화국의 대표 포도인 피노타지는 스텔렌보스(Stellenbosch) 대학의 최초 포도재배 연구자인 아브라함 이자크 페롤드(Abraham Izak Perold) 교수에 의해 1925년에 개발되었다. 그는 남아프리카공화국 고유의 포도 품종을 개발하려는 시도의 일환으로 포도품종 피노 누아(Pino Noir)와 쎙소(Cinsaut)를 교배하였다. 즉 '피노(Pino)'는 피노 누아(Pinot noir)에서 유래하고, '타주(tage)'는 프랑스 와인 생산지인 에르미타주(Hermitage)의 단축 형에서 나왔다. 최초의 피노타지(Pinotage) 와인은 1941년에 생산되었다. 남아공에만 있는 피노타지 와인 맛은 어떨

---

* 프랑스 개신교 신자들을 일컫는 말로 16세기 프랑스에서 종교 전쟁이 격화되면서 많은 위그노 교도들이 종교적 박해를 피해 유럽 각지로 떠나야 했다. 이들 중 일부는 남아프리카공화국의 케이프 식민지로 이주하여 와인 산업의 기반을 다졌다.

남아공만의 Pinotage 와인

까? 필자의 입맛으로는 포도품종 피노누아가 들어가서 그런지 브루곤뉴(영어로는 버건디) 와인과 유사한 맛이었다. 일반적으로는 입안에서 상당한 존재감이 느껴지지만 너무 무겁지는 않은 미디엄 바디 와인으로 간주된다.

    남아프리카공화국은 2023년 생산량 기준 960만 헥토리터*를 생산하여 세계 7위를 차지했다.** 이 나라에는 6개의 와인 지역이 있는데 주로 서부 케이프 주에 위치해 있다. Paarl은 케이프 와인 랜드에서 가장 큰 도시이며, 약 14,300헥타르의 면적이 와인 포도원이다.

---

* 미터법에 의한 부피의 단위로 1헥토리터는 1리터의 100배이다.
** 1위 생산국은 4,800헥토리터를 생산한 프랑스이다. 이탈리아, 스페인, 미국, 칠레, 호주가 그 뒤를 잇고 있다.

Steenberg 와이너리 포도

　남아프리카공화국에서는 다양한 와인을 찾을 수 있다. 셰넹 블랑(chenin blanc)*은 가장 널리 심어진 포도품종으로 포도원의 18%를 차지한다. 그 다음은 피노타지, 시라즈, 카베르네 소비뇽, 메를로, 샤르도네, 소비뇽 블랑이다. 와인을 만드는 포도는 우리가 먹는 포도보다는 알이 작다. 12월말 케이프타운 스틴버그(Steenberg) 골프코스를 돌다 보니 코스 옆 포도밭에 포도가 까맣게 익어 있었다. 따서 맛을 보니 우리가 평소 먹는 포도보다 더 달았다.

　남아프리카공화국 와인의 1위는 남아프리카공화국에서 가장 오

---

* chenin blanc은 프랑스 루아르 밸리에서 유래한 화이트 와인 품종으로, 드라이한 와인부터 달콤한 디저트 와인까지 폭넓게 쓰인다.

래된 농장인 클레인 콘스탄시아(Klein Constantia)의 콘스탄스 와인(Vin de Constance*)이다. 스텔렌보쉬 지역에서 생산되는 귀부(貴腐, Botrytis) 와인**으로 단맛이 강하다. 18세기부터 유럽 귀족들 사이에서 매우 인기가 있었으며 나폴레옹과 얽힌 일화로 그 유명세는 더해진 듯하다. 나폴레옹이 세인트헬레나 섬*** 유배 시절(1815~1821) 프랑스에서 포도주를 조달해 마시기 어려워 콘스탄스 와인을 조달해 마셨다고 한다. 역사적 사실과 과장된 부분이 섞여 있을 수는 있겠지만 콘스탄스 와인이 나폴레옹 시대에 얼마나 유명했는지를 보여주는 일화임에는 틀림없다.

Vin de Constance

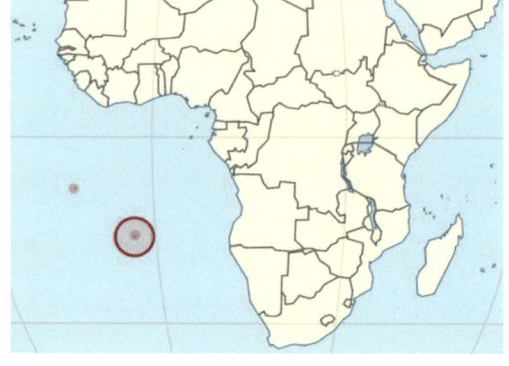

세인트헬레나 섬의 위치
출처: 위키피디아

* 불어로 Constance의 와인이라는 뜻이다.
** 말 그대로 '귀하게 썩은' 포도로 만든 와인으로 포도에 보트리티스 시네레아(Botrytis cinerea)라는 곰팡이가 핀 상태에서 수확하여 만든 와인을 말한다. 이 곰팡이는 포도의 수분을 증발시켜 당도를 높임으로써 꿀처럼 달콤하고 풍부한 맛을 내게 한다.
*** 나폴레옹 보나파르트의 마지막 유배지이자 사망한 곳으로 아프리카 앙골라와 나미비아에서 1,874km 정도 떨어진 곳에 위치한다.

스텔렌보스의 카논코프 와이너리(Kanonkop wine estate)는 세계 최고 수준의 피노타주 와인으로 유명하다. 이 독특한 포도 품종은 남아프리카공화국 특산품으로 카논코프 와이너리가 완성했다. 레드 와인을 좋아하는 분들에게는 이곳이야말로 피노타지의 뛰어난 품질을 경험할 수 있는 적절한 장소가 될 것이다.

프란슈후크(Franschhoek)의 라 모뜨 와인 에스테이트(La Motte wine estate)는 와인의 문화와 역사가 조화롭게 어우러진 곳이다. 이 와이너리는 수상 경력에 빛나는 레스토랑과 남아프리카공화국의 지역과 와인 제조 역사를 조명하는 박물관을 보유하고 있다. 맛있는 와인을 맛볼 수 있을 뿐만 아니라 풍부한 문화에 푹 빠질 수도 있는 매력적인 공간이다.

프란슈후크의 보센달(Boschendal) 와인 농장은 역사가 깊다. 농장의 아름다운 건물과 광활한 정원은 여기 온 사람들을 식민지 시대로 이끈다. 보센달은 훌륭한 와인 외에도 농장의 미식 피크닉과 투어도 제공한다.

케이프타운 콘스탄시아(Constantia)에 있는 그루트 콘스탄시아(Groot Constantia) 에스테이트는 1685년에 설립된 남아프리카공화국에서 가장 오래된 와이너리*이다. 훌륭한 와인뿐만 아니라 역사적인 건물과 와인 저장고 박물관, 그리고 아름다운 풍경도 제공한다.

---

* 클레인 콘스탄시아와 그루트 콘스탄시아는 역사적으로 하나의 농장에서 시작되었으나 현재는 독립적인 와이너리로 운영되고 있다.

　　　　Kanonkop　　　　　La Motte

　스텔렌보스의 워터포드(Waterford) 에스테이트는 독특한 와인과 초콜릿 시음으로 유명하다. 훌륭한 와인과 수제 초콜릿 창작품의 조합은 입을 즐겁게 한다.

　남아프리카공화국 와인은 가성비가 좋아 슈퍼에서 200랜드(한화 15,000원 정도)만 줘도 꽤 괜찮은 와인을 살 수 있다. 이 나라에 왔다면, 반드시 와인을 사서 마셔볼 일이다.

도난방지 태그가 달린 남아공 고급와인　　　남아공 일반와인

진열된 Ernie Els 포도주

그리고 필자는 여기에 개인적 경험으로 어니 엘스(Ernie Els) 와이너리를 추가하고 싶다. 골프선수의 유명세에 힘입어 방문객이 연중 끊이지 않으며 언덕에서 바라본 풍광이 정말 환상적이다.

빈민가가 왜 부촌 옆에?

아프리카에서 가장 빈부 격차가 큰 곳은 남아프리카공화국일 것이다. 그래서 범죄율도 높고 거리에 걸인도 많은 듯하다. 언젠가 남아프리카공화국의 빈부격차를 드러낸, 하늘에서 찍은 마을 모습을 본 적이 있

　　　　남아공 도심 주택　　　　　　　　판자촌의 모습

다. 남아프리카공화국에서는 일반적으로 잘 사는 마을 또는 에스테이트(estate) 인근에 판자촌이 있다. 이는 부유한 사람들에게 적절한 인력공급이 필요한 탓에 부촌으로부터 멀지 않은 곳에 판자촌이 형성되는 것이다. 부촌에는 가정부, 기사, 보모, 정원사 등의 일자리가 있기에 이들 빈민촌에 사는 저렴한 인력을 필요로 한다. 그래서 요하네스버그 시내에서 멀지않은 곳에 알렉산드리아(Alexandria)라는 빈민촌이 형성되어 있고, 한국인들이 많이 거주하는 데인펀(Dainfern)이라는 에스테이트 인근에는 딥슬루트(Diepsloot)이라는 빈민촌이 형성되어 있다. 이렇듯 거의 예외가 없을 정도로 부촌 인근에는 빈민촌이 자리한다.

　　지리적으로 멀리 떨어진 아프리카에 대해 우리가 얻는 정보는 주로 대중매체를 통해서이다. 언론에서 나오는 아프리카는 기부의 대상이다. 기아에 허덕이는 아이들, 물이 없어서 멀리까지 물을 길러 다니는 아이들, 병에 걸린 아이들 등 매우 부정적인 모습들만 우리에게 기억돼 있다.

하지만 대중매체에 의해 형성된 우리의 인상처럼 아프리카 전체 국가가 헐벗고 굶주림에 시달리지는 않는다. 아프리카 대륙 동쪽에 위치한 세이셸은 2023년 인당 GDP가 2만 달러를 넘고 모리셔스 역시 1만 달러를 넘는다. 6천 달러를 조금 넘는 남아프리카공화국도 비록 도시에 따라 소득수준이 많은 차이를 보이기는 하지만, 최대 상업도시인 요하네스버그의 2021년 기준으로 1인당 GDP는 15,998달러를 기록하고 있다.

2024년 기준 국가 전체 GDP는 남아프리카공화국이 3,730억 달러로 제일 크며 이집트, 알제리, 나이지리아, 에티오피아가 그 뒤를 잇고 있다.

남아프리카공화국은 아프리카 대륙에서는 부유한 국가에 속하지만 빈부 격차가 커서인지 도심 사거리에 걸인들이 많다. 평소에는 구걸 활동을 하다가 신호등이 꺼져 도로상황이 혼잡해지면 놀랍게도 교통 정리원이 된다. 돈을 받거나 누가 시켜서 하는 행동이 아니다. 자발적으로 몇 명이 협력해서 교통 흐름이 원활하도록 수신호를 진행한다. 처음 이 광경을 봤을 때는 웃기기도 했지만, 정말 감탄사가 절로 나왔다. 평소 구걸만 하다가 이렇게 사람들에게 도움을 줄 때 보면, 매우 자존감이 높은 것으로 보였다. 운전자들이 고마움의 표시로 얼마를 주고 가기도 하지만 그 돈을 받는 것보다는 수신호를 주는 것에 더 집중하는 모양새다.

교통 관련 얘기를 하나 더 해보면 남아프리카공화국은 전기 공급이 원활치 않아 종종 순환단전(load shedding)을 한다. 그럴 때면 신호등도 같이 먹통이 돼 버린다. 이럴 때 운전자들은 매우 질서정연하게 먼저 온 순서대로 각 방향에서 차례대로 한 대씩 움직인다. 덕분에 사거리에서 엉키는 일이 거의 없다. 열악한 환경에서 꽃피운 선진교통문화라는 생각이 절로 든다.

남아프리카공화국에 대단지 몰(Mall)이 발달한 이유는?

한국의 길거리에는 길가에 크고 작은 상가들이 즐비하다. 반면 남아프리카공화국에는 거리에서 상가들을 보기 어렵다. 대부분 대단지 몰 안에 가게들이 들어서 있다. 특히 상업 도시인 요하네스버그 샌튼(Sandton) 지역은 더한 것 같다. 그래서 남아프리카공화국은 대부분 그런 줄 알았는데 케이프타운을 가보니 길가에 상가들이 많이 보였다. 그 차이를 찾아보니 길가를 걸을 수 있는지 없는지가 그 잣대였다. 요하네스버그에서는 대부분 흑인을 제외하고는 길가를 걷지 않고 짧은 거리라도 차를 타고 움직인다. 케이프타운은 그래도 걸을 수 있는 지역이 넓다 보니 거리에 상가들이 들어서 있는 것이다.

이는 남아프리카공화국의 치안 상태를 말해준다. 남아프리카공화국의 치안은 전반적으로 불안정한 상태로 강도, 살인 등 강력 범죄 발생률이 매우 높다. 더욱이 허가받은 경우 총기 소지가 가능한데 이는 불법 무기의 유통을 쉽게 하여 범죄에 악용되는 실정이다. 이러한 범죄의 원인은 소득불균형에 따른 빈부격차 심화에서 찾을 수 있다. 하지만 경찰의 대응력이 미흡하여 범죄를 효과적으로 예방하고 단속하는 데 어려움이 적지 않다.

치안이 안 좋다 보니 대량의 주택단지인 에스테이트에서는 24시간 상주하는 경비원이 있을 뿐만 아니라 방문객에 대한 철저한 신원확인을 실시한다. 방문객의 경우는 입주자로부터 온라인 출입코드를 발급받아야 하며, 그리고도 차량 및 ID 등을 확인한 후에야 진입이 가능하다. 물리적 보안 시스템으로 높은 전기 펜스와 CCTV는 기본이다. 필자가 근무하고 있는 사무실 건물도 지문인식을 해야 출입이 가능하며 거주하는 아파트의 엘리베이터도 지문인식을 해야 거주하는 층수를 누를 수 있다. 이런 환경으로 인해 생활 반경을 가능한 안전한 지역에 한정하고, 해가 져 어두워지면 외부 활동을 거의 하지 않는다. 모임을 가질 때도 가능한 저녁 모임보다는 점심 시간대를 선호하며 간혹 저녁 모임을 갖게 되더라도 빨리 끝내고 집에 일찍 들어가는 분위기이다.

2023년 4월부터 2024년 3월까지 1년 동안 남아프리카공화국 경찰에 신고 된 범죄 건수는 살인이 27,621건, 강간이 42,569건, 차량강탈이 22,735건이다. 차량강탈이 많아서인지 한국이나 다른 나라와는 달리 의무로 가입해야 하는 책임보험이 남아프리카공화국에서는 의무가 아니다. 보험에 가입하지 않은 차들이 많다는 얘기다. 그리고 차량보험에 대인보험은 포함되지 않는 게 일반적이다. 누군가 그런 얘기를 했다. 대인보험이 포함되면 많은 걸인이 차에 와서 부딪혀 일부러 사고를 유발할지도 모른다고. 그런데 사실상 주유비에 책임보험 성격의 비용이 포함되어 공공병원에서는 교통사고 환자를 무료로 치료해 준다고 한다.

　차량과 관련한 남아프리카공화국만의 특이한 점이 또 있다. 외교차량 번호판이 다른 나라의 표기 방식과 다르다. 대부분의 국가는 해당국과 수교한 국가 순서 또는 자국의 독립을 인정한 국가의 순서에 따라 번호를 매겨서, 번호판만 보면 어느 국가 외교차량인지 알 수 있다. 그리고 대부분의 국가가 외교차량의 고유번호를 공개하고 있다. 케냐의 경우도 역시 독립을 인정한 순서대로 번호를 부여하여 한국 대사관의 외교차량 번호는 34이다. 하지만 남아프리카공화국은 그런 방식을 따르지 않고 'D BBT 651 D'와 같이 특정한 규칙 없이 영어 알파벳과 숫자를 써 외교차량의 소속국가를 일반적으로 알기 어렵게 하고 있다. 혹자에 따르면, 등록요청 순서대로 나라와 상관없이 기존 반납된 번호를 순차로 부여하고 있다고도 한다.

케냐 외교차량 번호판　　남아공 외교차량 번호판

남아프리카공화국의 치안 사정에 대해서는 골프장에 붙어있는 경고문을 통해서도 알 수 있다. 일반적으로 골프장은 상대적으로 안전한 곳이다. 사실상 마음 놓고 걸을 수 있는 유일한 야외공간이다. 대부분의 골프장은 출입자에 대해 신원 확인을 실시한다. 그런데도 골프장에 공지된 내용을 보면 섬뜩할 정도이다. 골프장 내에서 어떤 일이 발생하더라도, 심지어 죽음과 관련된 일이 있어도 골프장은 책임이 없다는 내용이다. 처음에는 사실 겁이 났다. 아니, 여기서 살인사건이라도 났었다는 건가? 아니면 날 수도 있다는 경고성 문구인가? 치안이 매우 안 좋다는 얘기를 듣다보니 '자라보고 놀란 가슴 솥뚜껑 보고 놀라'는 격이랄까?

가난한 남자는 결혼을 못 한다고?

아프리카 결혼식은 종종 이슬람 또는 기독교 의식으로 구성되는 동시에 전통적인 아프리카 신앙이나 관습과도 얽혀 있다. 그럼에도 불구하고 아프리카 결혼식과 이를 둘러싼 관습 사이에는 많은 유사점이 있다. 이와 관련한 한 가지 예는 아프리카, 특히 남부지역의 줄루족 사이에서 흔히 볼 수 있는 신부 측에 대한 지참금 지급 풍습이다. 지참금(bridewealth)은 신랑의 가족이 신부의 가족들에게 결혼을 인정받기 위해 가축, 음식, 의복 등 전통적인 형태로 지불하는 것이다. 현대에 들어와서는 일반적으로 지불이 현금 형태로 이루어진다. 아직도 많은 아프리카인에게 있어서 지참금은 결혼 예식의 중요한 부분으로 간주되며 지참금이 지불

될 때까지는 결혼이 인정되지 않는다. 남아프리카공화국에서는 로볼라(Lobola)라고 불리며 우리나라의 예물과 비슷한 개념이다. 이는 단순한 물건 교환을 넘어 결혼을 사회적으로 인정하고 두 가족의 관계를 공고히 하는 중요한 의식이다.

남아프리카공화국에 근무할 때 회사 운전기사를 뽑기 위해 인터뷰를 하면서 가족관계를 물은 적이 있다. 애가 둘이고 결혼은 안했다고 했다. 아프리카에서는 결혼하지 않은 채로 애를 갖는 경우가 많아서 그런가보다 했는데 애 엄마도 같이 살고 있다고 했다. 그렇다면 사실상 한 가족인데 자기 부인(wife)이라고 말하질 않고 애 엄마라고만 한다. 이는 결혼을 하지 않았기 때문에 부인이라는 말을 못쓰는 것이다. 결혼하지 않았기 때문에 같이 살더라도 부부로서 가지는 의무감이 별로 없다는 얘기도 들었다. 사실 우리 한국인들로서는 이해하기 어려운 문화이다.

로볼라는 현금, 가축(소, 염소 등), 귀중품 등 다양한 형태로 지급된다. 액수는 각 부족과 지역에 따라 다르며, 또한 신부의 교육 수준, 직업, 가족 배경 등에 따라서도 달라질 수 있다. 로볼라는 남아프리카공화국 사회의 오랜 전통이자 문화적 특징이다. 로볼라에 대한 시각은 개인과 사회마다 다르지만, 여전히 결혼과 가족의 의미를 되새기게 하는 중요한 의식임에는 틀림없다. 가족이 지불할 수 있는 지참금의 액수는 가족의 사회적 지위를 나타내는 아이콘이자, 가족이 신부를 얼마나 부양할 수 있는지를 나타내는 척도이다.

현대사회에 있어서 로볼라는 양면성을 가진다. 긍정적인 면으로는 로볼라를 통해 신부의 가치를 인정하고, 그녀를 맞이하기 위한 신랑 측의 진심을 보여준다. 이는 여성의 사회적 지위를 높이는 데 기여할 수 있다. 또한 로볼라를 통해 신부는 경제적으로 안정된 삶을 시작할 수 있는 기반을 마련할 수 있다. 과거에는 로볼라가 여성의 선택권을 제한하는 요소로 작용하기도 했지만, 현대 사회에서는 여성의 교육 수준이 높아지고 사회 참여가 활발해짐에 따라 로볼라에 대한 여성들의 인식이 변화하고 있다. 부정적인 면으로는 로볼라가 여성을 물건처럼 거래하는 것으로 오해되거나, 경제적인 부담으로 작용하는 등의 문제점이 제기되기도 한다. 또한 로볼라가 현대 사회의 가치관과 충돌하는 경우도 발생한다. 로볼라 액수가 커짐에 따라 경제적인 부담이 가중되어 결혼을 미루거나 포기하는 경우도 있다. 회사에서 고용한 운전기사의 사례처럼 말이다. 한국에서도 결혼을 미루거나 아예 안 하는 사람들이 늘어나고 있는데, 그 원인이 경제적 문제에 있다는 점에서는 남아프리카공화국의 로볼라 문화와 맥을 같이하는 듯하다.

이슬람권에서는 부인을 4명까지 둘 수 있지만 남아프리카공화국에서는 법적으로 명수에 제한을 두지 않고 있다. 남아프리카공화국의 헌법은 세계에서 첫손에 꼽을 만큼 높은 수준의 자유를 제공한다. 모든 사람에게 동성 결혼을 허용하고 남성에게는 일부다처제(polygamy)를 허용한다. 한 가지 주목할 사항은 남아프리카공화국 정부가 성평등 차원에서 여성도 동시에 두 명 이상의 남편을 두는 일처다부제(polyandry)를 합법화하자는 제안을 했었는데 보수층에서의 큰 반발로 무산이 됐다.

일처다부제가 정통 아프리카적이지 않다는 생각이 널리 퍼져있기 때문이라고 한다. 남아프리카공화국의 이웃국인 짐바브웨에서는 법적으로는 일부다처제를 허용하지 않고 있으나 현실적으로 여전히 일부다처제가 존재한다. 동아프리카의 케냐에서는 명수에 제한 없는 일부다처제를 유지하고 있다.

왜 아프리카를 질병 이름에?

질병 이름에 특정 지역 이름이 붙는 이유는 주로 그 질병이 처음 발견되었거나 유행했던 지역의 이름을 따서 명명하기 때문이다. 하지만 이러한 명명 방식은 특정 지역에 대한 부정적인 인식을 심어줄 수 있다는 비판도 있다.

아프리카 풍토병으로 여겨지는 대표적인 질병은 아프리카 돼지 열병(African swine fever, ASF), 말라리아(Malaria), 에볼라 출혈열(Ebola hemorrhagic fever) 등이 있다. 여기에 덧붙여 에이즈, 황열병, 말라리아 등도 아프리카에서 시작된 주요 질병이다.

최근에 획기적인 에이즈 치료약이 개발되었다고 들었다. 하지만 필자가 대학에 입학한 1986년 당시만 해도 『TIME』지에 실린 에이즈 관련 기사에서 보면, 절대로 나을 수 없는 죽음의 병으로 묘사되었다.

2022년 기준 아프리카 HIV* 감염자는 2,560만 명으로 전 세계 감염자의 55%를 차지하고 있다. 전 세계 평균 감염률은 1.2%인데 반해 사하라 이남 아프리카의 감염률은 9%에 달하고 있다. 2020년 기준 데이터에 따르면 에스와티니가 인구 천 명당 감염자수 186명으로 가장 높았으며 레소토 148명, 보츠와나 144명, 남아프리카공화국 130명으로 이들 국가들은 인구의 10%이상이 HIV에 감염된 것으로 나타났다. 감염자 수로는 남아프리카공화국이 2021년 기준 710만 명으로 추산되면서 인도에 뒤이어 세계 두 번째를 차지하는 것으로 드러났다.

말라리아는 감염된 모기를 통해 전염되는 기생충병의 일종으로 2022년 기준 아프리카에서의 발병률은 2억 3,600만 건으로 전 세계 발병률의 95%를 점한다. 구체적으로는 나이지리아가 27%, DR콩고가 12%, 우간다가 5%, 모잠비크가 4%를 차지하면서 아프리카 4개국에서 전 세계 발병의 절반 가량을 차지한 실정이다. 우리나라에서는 '학질'이라는 이름으로 알려져 있으며 휴전선 인근 지역에서 발생하고 있는 것으로 알려졌다. 2024년 한·아프리카 정상회의를 계기로 KOTRA에서 비즈니스 상담회를 개최하였는데 이때 방한한 가나 발주처의 직원이 호텔에서 사망한 사건이 있었다. 동료에게 말라리아 약을 부탁한 걸로 미루어 말라리아에 감염된 것으로 추정되었다. 아프리카 방문할 때 모기에 물렸다면 현지에서 말라리아 약을 구입해 이동하는 것도 필요하겠다.

---

* 인간면역결핍 바이러스(Human Immunodeficiency Virus)로 에이즈를 일으키는 원인 바이러스이다.

에볼라바이러스는 에볼라출혈열(Ebola haemorrhagic fever)로 처음 발견된 아프리카 콩고공화국 강의 이름을 따서 명명했다고 한다. 치사율은 25~90%이며 자연 숙주는 불명확하며 백신 및 항바이러스제는 아직 없다고 한다. 감염된 침팬지, 고릴라, 과일박쥐 등 동물과 접촉하거나 감염된 사람의 체액, 분비물, 혈액 등을 접촉해 감염된다고 한다.

아프리카를 여행할 때 우선 황열병 예방접종 받기를 권유한다. 황열병은 주로 열대지방에서 일어나는 모기를 매개로 한 바이러스성 질병으로 두통, 어지러움, 근육통, 오한, 미열 등의 증세를 보인다. 다행히 예방접종을 통해 바이러스를 막을 수 있다. 예방접종을 한 사람의 99%는 접종 후 30일 이내에 예방 효과가 나타나며 한 번만 맞으면 평생 그 면역력이 지속되어 추가 접종은 필요하지 않다고 한다. 따라서 노란색 황열병 예방접종 증명서는 차후 아프리카 여행을 대비해 잘 보관할 필요가 있겠다.

아프리카 돼지열병이라고 사람에게는 감염되지 않는 질병이 있다. 이는 아프리카에서 1920년대부터 발생해 왔으며 사람뿐만 아니라 다른 동물들도 감염되지 않고 오직 돼지 과에 속하는 동물에만 감염된다. 현재 세계적으로 사용 가능한 백신이나 치료제는 없다고 한다.

아프리카의 역사(history)

백인이 왜 아프리카에?

남부 아프리카에는 백인이 많이 살고 있다. 남아프리카공화국에는 전 국민의 7% 이상, 나미비아에는 2% 가량이 백인이다. 흑인이 거주하는 대륙인 아프리카에 어떻게 이렇게 많은 백인이 살게 되었을까?

    1480년에 포르투갈 선박이 아프리카 서해안에 상륙했고 탐험가 바르톨로메우 디아스(Bartolomeu Dias)는 남쪽으로 탐험했다. 1488년에는 자신도 모르게 케이프를 돌아 항해했고 케이프를 '폭풍의 곶(Cabo das Tormentas)'이라고 명명했다. 하지만 포르투갈 국왕 주앙 2세는 케이프를

'희망곶*'이라고 이름을 바꾸었다. 이 이름은 케이프를 통해 인도로 가는 해상 무역로가 열릴 수 있다는 국왕의 낙관주의를 표현한 것이다. 1497년 바스코 다 가마(Vasco da Gama)와 나중에 페르디나르 마젤란(Ferdinand Magellan)도 케이프를 돌아 인도까지 항해했다. 탐험가들이 아프리카 해안을 지도로 표시하고 유럽과 아시아를 잇는 해상 무역로를 확립하면서 케이프가 정박지가 되었다.

1652년 네덜란드 동인도 회사는 희망곶, 즉 희망봉(현재 케이프타운)에 식민지를 건설하여 아시아와의 네덜란드 무역 거점으로 사용하기로 결정했다. 이 전초기지의 목적은 아시아로 가는 선박에 신선한 과일, 채소, 고기를 공급하고 바다에 지친 선원들이 회복할 수 있는 장소를 제공하는 것이었다.

네덜란드가 케이프에 도착한 지 몇 년 후인 1659년에 아프리카 남부 토착민인 코이코이족과 네덜란드는 전쟁을 시작했고 그 전쟁은 1677년까지 지속되었다. 이 오랜 전쟁은 네덜란드의 승리로 끝이 났다. 그 결과로 코이코이족은 큰 상처를 입고 많은 사람들이 죽거나 노예로 끌려갔다.

1794년 네덜란드는 프랑스의 침략을 받았다. 프랑스가 승리하자 네덜란드에 친 프랑스 정부가 들어섰다. 이러한 상황에서 영국은 전략적으로 중요한 네덜란드령 케이프타운에 프랑스의 영향력이 미치는 것

---

* 지금 우리가 알고 있는 희망봉이다.

을 우려하여 먼저 점령할 필요가 있다고 생각했다. 1795년 8월 영국은 원정대를 파견하여 무이젠버그(Muizenberg) 전투*를 일으켰다. 이 때 영국군은 수적으로 우세했고 네덜란드군은 효과적으로 저항하지 못했다. 결국 네덜란드군은 항복할 수밖에 없었고, 영국은 케이프 식민지**를 점령하게 되었다.

영국은 케이프 식민지를 시작으로 해서 남아프리카 내륙으로 식민지를 확장해 나갔다. 이는 결과적으로 보어인***들과의 갈등을 야기했다. 특히 1867년 보어인들이 주로 거주하는 지역에서 엄청난 규모의 다이아몬드 산지가 발견되었다. 영국이 이 지역에 대한 영향력을 확대하려고 한 탓에 갈등이 심화되었다. 이는 결국 두 차례에 걸친 보어전쟁(1880~1881, 1899~1902)으로 이어졌다. 제2차 보어 전쟁에서 승리한 영국은 트란스발 공화국****과 오렌지 자유국*****을 합병하고 남아프리카 전체를 다스리기에 이르렀다.

보어 전쟁 이후 영국은 남아프리카 지역을 안정적으로 통치하고

---

* 1795년 8월 남아프리카공화국 케이프타운 근처의 무이젠버그에서 벌어진 전투로, 영국군과 네덜란드군 사이에 벌어졌다.
** 케이프타운을 중심으로 발전한 식민지를 가리킨다. 17세기 네덜란드 동인도 회사가 처음 정착한 이후부터 1910년 남아프리카 연방에 편입될 때까지 줄곧 영국이 지배했다.
*** '보어'는 네덜란드어로 '농부'를 뜻하며 남아프리카 지역으로 이주하여 아프리카에 정착한 네덜란드계 사람들과 그 후손을 일컫는다.
**** 1830년대 영국의 케이프 식민지에 불만을 품은 보어인들이 내륙으로 이동하여 북쪽지역(트란스발)에 정착하여 1852년 독립을 선언하고 세운 공화국이다.
***** 1830년대 영국의 케이프 식민지에 불만을 품은 보어인들이 내륙으로 이동하여 오렌지 강과 발 강 사이 지역에 정착하여 1854년 독립을 선언하고 세운 공화국이다.

경제적 이익을 위해 식민지를 통합하고자 했다. 그 결과로 1909년에 영국 의회는 남아프리카 연방법을 통과시켰고, 이를 기반으로 케이프 식민지, 나탈 식민지, 트란스발 식민지, 오렌지 강 식민지를 통합하는 남아프리카 연방을 설립했다. 1910년 5월 31일, 남아프리카 연방이 공식적으로 출범했고, 영국 국왕을 수장으로 하는 영국의 자치령이 되었다.

남아프리카 연방은 백인 중심의 정치 체제였다. 영국은 백인 이민을 장려하고 아프리카 원주민들을 차별하는 정책을 추진했다. 1948년 국민당이 집권하면서 인종 차별 정책인 아파르트헤이트가 본격적으로 시행되었다. 흑인들은 정치적, 사회적, 경제적으로 심각한 차별을 받았으며 별도의 거주 지역에 강제로 이주당해야 했다. 이 정책은 국제 사회의 강한 비난을 받고 남아프리카 연방은 국제적으로 고립이 되었다. 심지어 1960년 당시에 영국 총리 해럴드 맥밀런이 아프리카의 탈식민지화와 인종 평등을 강조하는 연설을 통해 남아프리카 연방을 자극하였다. 이에 대한 반발로 1961년에 영연방에서 탈퇴하고 남아프리카공화국을 선포했다. 이후로도 아파르트헤이트 정책은 계속 유지됐다.

아파르트헤이트 정책에 대한 외부의 비난이 거세지는 가운데 넬슨 만델라를 중심으로 한 아프리카민족회의(ANC)를 비롯한 흑인 민족주의 세력들이 민주화 투쟁을 벌였다. 이들의 끈질긴 저항에 국제적인 지지가 더해져 결국 아파르트헤이트 정권은 무너졌다. 1994년, 남아프리카공화국은 최초의 민주 선거를 통해 넬슨 만델라를 대통령으로 선출하고 인종 차별 정책에 종지부를 찍었다.

지금도 남아프리카공화국은 백인의 비중이 적지 않다. 지금으로부터 500년도 더 전에 백인이 아프리카 대륙에 들어왔고 현재 아프리카 백인은 아프리카가 그들의 고향인 된 것이다.

아프리카 국경선은 왜 자로 자른 듯?

아프리카 대륙의 국경선은 자로 대고 자른 듯 직선이 많다. 이는 유럽 식민주의의 어두운 유산이다. 19세기 후반부터 20세기 초까지 유럽 열강들은 아프리카를 서로 나눠 가지며 식민지를 건설했다. 이 과정에서 자연환경, 민족, 문화적 특성보다는 경제적 이익과 지정학적 전략을 우선시하여 국경을 획정했다. 이로 인해 다양한 민족과 부족이 강제로 분할되면서 여러 국가로 나뉘게 되었다. 결과적으로 내전과 갈등의 씨앗이 되었다. 현재까지도 국경 지역에서 영토 분쟁이 지속되고 있으며 이는 지역 안정을 위협하는 요소가 되고 있다.

주요 국경 분쟁으로는 사헬 지역의 말리와 니제르를 들 수 있다. 말리는 북부 지역에서 이슬람 무장 세력과의 충돌이 지속되고 있다. 이는 국경을 넘어 주변 국가들에까지 영향을 미치고 있다. 말리와 동쪽 국경을 접하고 있는 니제르 지역에서는 이슬람 무장 세력의 활동이 활발하며 테러 공격이 빈번하게 발생하고 있다. 흔히 아프리카의 뿔이라고 불리는 호른(Horn) 아프리카에서는 에티오피아와 소말리아가 분쟁을 겪고 있다. 에티오피아는 티그라이 지역에서 정부군과 티그라이 인민

Africa

해방전선(TPLF) 간의 무력 충돌이 발생하여 인도주의적 문제가 심각하게 대두되고 있다. 소말리아는 알-샤바브라는 이슬람 무장 세력이 정부군과 치안 당국을 공격하며 국가 안정을 위협하고 있다. 중앙아프리카에서는 중앙아프리카공화국 내 무슬림 민병대와 기독교 민병대 간의 종교적 갈등이 심화되면서 내전이 지속되는 실정이다. 서아프리카에서는

나이지리아 내 보코하람*이라는 이슬람 무장 세력이 북동부 지역에서 테러 활동을 벌이며 많은 사상자를 내고 있다.

아프리카의 노예항구는 어디?

아프리카는 오랜 기간 유럽 열강의 식민 지배를 받으면서 많은 고통을 겪었다. 그중에서도 노예무역은 아프리카 역사에 가장 큰 상처를 남긴 비극적인 사건이다. 아프리카 대륙 곳곳에는 흑인들이 노예로 잡혀가 끔찍한 고통을 겪고 신대륙으로 끌려갔던 노예항구들이 있다. 인류 역사의 어두운 그림자라 할 수 있다.

노예무역은 15세기 후반부터 시작되었다. 이후 유럽의 대항해 시대가 시작되면서 아프리카 대륙에서 신대륙으로 보내는 노예무역이 본격화되었다. 주요 노예항구는 아프리카 서해안을 중심으로 세네갈, 가나, 베냉, 나이지리아 등지에 형성되었다. 잡힌 노예들은 끔찍한 환경 속에서 신대륙으로 강제 이송되었으며 그곳에서 혹독한 노동에 시달리며 비참한 삶을 살았다.

노예항구는 단순히 노예를 거래하는 장소를 넘어 아프리카 내륙에서 잡힌 노예들을 해안가로 이동시키고 배에 실어 신대륙으로 보내는

---

* 2014년 나이지리아 북동부에 있는 치복 여학교 학생 276명 납치 사건은 전 세계적인 공분을 불러일으킨 대표적인 테러 행위중 하나이다.

중심지였다. 또한 노예들을 매매하고, 그들의 건강 상태를 확인하는 시장이 되었으며, 유럽인들의 거주지가 되면서는 노예무역을 주도하는 장소가 되었다.

세네갈에 위치한 고레 섬(Goree Island)은 대서양 노예무역의 주요 중심지 중 하나였다. 노예 감옥, 공개 처형장 등 당시의 참혹한 모습을 간직한 건물들이 아직도 남아 있다. 가나에 위치한 엘미나 성(Elmina Castle)은 포르투갈 인들이 건설한 노예 요새로 수많은 아프리카인들이 이곳을 통해 신대륙으로 강제 이송되었다. 베냉에 위치한 오이다(Ouidah)는 서아프리카에서 가장 큰 노예 시장 중 하나였다.

19세기 중반부터 노예무역에 대한 국제적인 비난이 높아지면서 노예항구는 점차 쇠퇴하기 시작했고, 19세기 말에는 대부분의 국가에서 노예무역이 금지되었다.

가나 바닷가 Elmina성

국가로 인정받지 못 한다고?

서사하라(Western Sahara)는 아프리카 북서부 대서양 연안에 있는 지역이다. 북쪽부터 시계 방향으로 모로코, 알제리, 모리타니에 접하고 있다. 1969년까지 스페인령 사하라였으며, 리오데오로(Río de Oro)와 사귀아 엘함라(Saguía el Hamra) 지역으로 이루어져 있었다. 현재 망명 정권인 사하라 아랍 민주 공화국(SADR)과 모로코가 영유권을 주장하고 있다.

이곳은 주로 아랍계 사람들이 거주하며 모리타니와 모로코 사람들과 관련이 있는 지역으로, 식민지 시대에 스페인이 점령했다. 스페인 시대는 1884년부터 1974년까지 지속되었고 그 후 서사하라는 스페인령 모로코에 편입되었다. 아프리카 전역으로 식민지 해방의 물결이 퍼지면서 모리타니와 모로코 군대가 서사하라에 진입하여 영토 일부를 합병했다. 이는 모로코의 독립 지지 단체인 폴리사리오 전선의 불만에 부딪혔고 폴리사리오 전선은 알제리의 지원을 받아 게릴라전을 벌였다. 결국 1979년에 모리타니가 이 지역에서 철수하게 되었으나 모로코는 잔류했고, 1990년까지 적대 행위가 계속되었다.

그동안 국제 사회는 분쟁의 영구적 해결을 위해 유엔 차원에서 대응해 왔지만, 현재는 교착 상태이다. 이 문제로 2021년 8월 알제리는 모로코와의 외교 관계를 단절하였고 2024년 12월 현재까지도 공식적인 관계 개선 움직임은 보이지 않고 있다.

서사하라 문제에 대한 또 다른 개입 국가로 스페인과 미국을 들 수 있다. 1975년, 스페인은 서사하라를 모로코와 모리타니로 나누는 마드

리드 협정*을 체결했다. 1979년 모리타니는 폴리사리오 전선(Polisario Front)**의 공격에 밀려 서사하라에서 철수했다. 결과적으로 모로코가 서사하라 대부분을 장악했다. 스페인은 이 갈등에서 대체로 무관심한 태도를 보였는데 2020년 미국이 모로코와 아브라함 협정을 체결한 후 미국의 입장을 따르면서 태도가 바뀌었다. 아브라함 협정에 따라 미국은 서사하라를 모로코의 일부로 공식 인정했고, 스페인도 그 뒤를 따랐다. 이는 국제사회의 냉엄한 현실을 말해 준다. 이렇듯 당사국의 의사가 반영되지 못한 채, 제3국과 주요 관련국들의 결정으로 국가의 운명이 좌우되는 안타까운 상황이 발생하곤 한다. 과거 우리나라의 휴전선 결정이나 최근 우크라이나 종전 문제 등도 그러한 사례로 꼽을 수 있다.

소말리랜드 역시 국가로 공인받지 못한 곳으로 '아프리카의 뿔' 지역에 있다. 소말리아는 유럽 제국주의 국가들에 의해 3개의 식민지로 분할되었다. 지금의 지부티(구 프랑스 식민지), 소말리랜드(구 영국 식민지), 소말리아(구 이탈리아 식민지)이다. 이후 지부티는 분리 독립하였고, 소말리아와 소말리랜드 지역은 통합 독립되었으나, 내전을 겪으면서 1999년 소말리랜드는 소말리아로부터 분리 독립을 선언했다. 소말리랜드는 2001년 국민투표를 통해 헌법을 채택하고 온건한 이슬람국가를 지향하면서 자유 시장 체제를 도입했다. 이웃의 소말리아는 정부도 없고 경찰

---

* 스페인이 서사하라에서 철수하면서 모로코 및 모리타니와 맺은 협정이다. 이 협정의 결과로 모로코는 서사하라 북부를, 모리타니는 남부를 분할 통치하기로 했다.
** 스페인의 식민통치에 저항하며 결성된 무장 독립운동 단체로, 서사하라의 독립을 목표로 하고 있다.

| 서사하라 | 소말리랜드 |

지도 데이터 출처: ⓒ OpenStreetMap contributors, 저자 재가공

도 없지만 국제사회가 국가로 인정하고 있다. 반면 소말리랜드는 소말리아보다 훨씬 정교한 국가구조를 가지고 있지만 국가로 인정받지 못하고 있다. 제국주의 경력이 있는 서구국가들이 반대하기 때문이다.

　지구상에는 아직도 서사하라를 비롯해 17개의 지역이 비자치지역으로 남아 있다. 우리나라의 경우 유엔의 기준에 따라 국가를 인정하고, 수교를 맺다 보니 서사하라와 소말리 랜드를 국가로 인정하지 않는다. 국제사회에서는 아프리카연합(AU)을 포함한 모리타니와 알제리만이 서사하라를 '사하라아랍민주공화국'으로 인정한다.

남아프리카공화국은 왜 다른 아프리카와는 느낌이 다를까?

남아프리카공화국에 살면서 다른 아프리카 국가와는 다른 느낌의 문화를 경험했다. 백인정권의 유색인종에 대한 차별 정책인 아파르트헤이트가 1991년 철폐되면서 법적으로는 인종 간에 평등이 실현되었다. 하지만 1948년에 공식화된 차별정책이 제도가 바뀌었다고 해서 금세 사람들의 머릿속에 그 위치가 바뀌는 것은 아니다. 또한 소유 자산측면에서 당장에 큰 변화가 일어나지도 않았다.

남아프리카공화국은 여타 아프리카 국가와는 달리 백인이 인구 구성원 중 7% 이상을 차지한다. 아파르트헤이트 철폐 이후 권력을 가진 일부 흑인 정치인 등에게도 자산이 분배되었지만 금융, 광업 등 돈이 되는 곳은 여전히 백인이 대부분을 차지하고 있다. 이렇듯 경제적으로 어려운 현실로 인해 흑인들 사이에서조차 "그래도 아파르트헤이트 시대에는 먹고살 수는 있었다"라는 불만 섞인 목소리가 나오고 있다. 빈부격차가 외려 더 커지면서 생계를 위협받는 흑인들이 늘어난 것이다. 경제력이 없어서인지, 아니면 예전에 아파르트헤이트 시대의 갑을 관계에서 비롯된 건지는 모르겠지만 흑인이 백인을 대하는 태도는 매우 겸손한 느낌이다. 좀 과하게 표현하면 주눅이 든 모습이랄까?

다른 아프리카 국가들은 구성원이 대부분 흑인이라서 그들이 주체가 돼 나라가 움직이는 느낌인데 남아프리카공화국은 흑인이 주체가 되고 있다는 인상은 덜 받았다. 흑인 고유의 문화도 대부분 백인 문화에 가려있는 느낌이다. 식당의 음식도 대부분 백인들이 이주하면서 현지화 시킨 것들로 유럽의 식문화와 별 차이가 없다.

그런 문화 중 하나로 성소수자들이 많고 그에 대한 사회적 배려가 상당하다는 걸 꼽을 수 있겠다. 호텔이나 기타 대중시설에서 남녀공용 화장실을 어렵지 않게 볼 수 있다. 또한 조사 설문지에 성별을 묻는 난이 남(male), 여(female), 기타(other) 3개로 나뉜다. 실제로 필자가 논문 작성을 위해 실시한 설문*에서 응답자 301명 가운데 2명이 남도 여도 아닌 기타(other)로 답했다.

어떻게 아프리카 백인들은 복수국적을 가질까?

남아프리카공화국은 일반적으로 단일 국적만을 허용한다. 즉, 한 사람이 동시에 두 개 이상의 국적을 가질 수 없다. 하지만 예외적인 경우가 있다. 필자가 가입해 있는 골프장의 멤버들은 대부분 백인이었다. 그 중 6주마다 잠비아와 남아프리카공화국을 번갈아 오가는 70세 넘은 멤버 한 사람이 있었다. 잠비아에는 아들이 살고 있고 대단위 농장을 거기서 운영하며, 남아프리카공화국에는 딸이 산다고 했다. 그렇게 자유롭게 국경을 오가는 걸 보고 어느 나라 여권을 가지고 있는지 물은 적이 있었는데 남아프리카공화국과 영국 여권 2개를 가지고 있다고 답했다.

---

* 김명희(2024), 〈남아프리카공화국 소비자의 K-뷰티 구매행동에 관한 연구: 기능성화장품을 중심으로〉 단국대학교 대학원, 중동·아프리카학과중동·아프리카학 박사학위 취득논문, 129쪽.

남아프리카공화국은 부모의 국적에 따라 출생 시 다중 국적을 취득할 수 있다. 다른 멤버에게도 몇 개의 여권을 가지고 있는지 물었더니 많은 사람들이 복수 여권을 가지고 있었다. 어떤 이는 말하길 아일랜드 여권을 가지고 있지만 본인은 아일랜드에 한 번도 가본 적이 없다고 했다. 그러면서 휴대폰에 저장된 사진 한 장을 보여주면서 자기 조상이 아일랜드에서 남아프리카공화국으로 왔다는 증빙이라고 했다. 이 증빙을 가지고 남아프리카공화국 주재 아일랜드 대사관을 찾아가면 여권을 발급해준다고 했다. 많은 이들의 이름이 수기로 나열돼 있는 오래된 꼬깃꼬깃한 종이의 사진이었다. 그 종이를 간직하고 있다는 것도 놀라웠고 그걸 근거로 해당 대사관에서는 국적을 인정해준다는 것도 흥미로웠다.

　　한편으로는 이런 생각도 들었다. 복수 여권을 가지고 있다면 필요할 때는 쉽게 남아프리카공화국을 떠날 수도 있겠구나. 남아프리카공화국이 다른 아프리카 국가와는 다소 다른 문화가 느껴지는 이유 중 하나가 이거라는 생각이 들었다.

아프리카에 북한이 제작한 동상이 많다고?

냉전 시대 이후 북한은 아프리카 여러 국가와 긴밀한 관계를 맺어왔다. 특히 사회주의 이념을 공유하는 국가들과의 연대를 강화하며 다양한 분야에서 협력을 해왔다. 하지만 유엔의 대북 제재와 국제 정세 변화로 인해 최근에는 과거만큼 활발한 교류는 이루어지지 않고 있다. 현재 아프리카에 북한 공관이 있는 곳은 이집트, 알제리, 나이지리아, 에티오피아, 탄자니아, 남아프리카공화국 등이며 최근에는 그 거점과 인력을 줄이는 모양새다.

북한은 아프리카 국가와 농업을 비롯한 경제적 협력과 군사협력을 해왔다. 그 중에서도 탄자니아가 과거 북한과 긴밀한 관계를 유지하며 다양한 분야에서 협력해왔다. 특히 농업 분야에서 북한의 지원을 받아 발전을 이루었다. 짐바브웨는 로디지아 부시 전쟁(Rhodesian Bush War)* 당시 북한에서 훈련받은 병사들이 활약하며 북한과 긴밀한 관계를 형성했다. 앙골라는 내전 당시 북한이 앙골라 정부군을 지원하며 군사 협력을 강화했다. 우간다 역시 북한과 군사 협력 관계를 맺고 있으며, 북한의 군사 훈련을 받은 병사들이 존재한다.

2018년 케냐에 근무할 때 관할 국가인 우간다에 출장을 갔다. 방산제품 수출을 위해 군인과 경찰들을 대상으로 우리 제품 설명 및 시연을 하는 행사였다. 행사장 밖 뜰에서 한 현지 군인을 만났는데 어디서 왔냐고 물어 Korea라고 했더니 남한인지 북한인지를 물었다. 그래서 South Korea라고 했더니 North Korea가 최고라고 엄지척하면서 얘기를 했다. 자기는 북한에도 다녀온 적이 있다고 하면서 북한과의 친근한 관계를 자랑했다. 아마도 군사교육 프로그램의 하나로 북한을 방문했

---

* 로디지아는 짐바브웨가 독립하기 전에 사용되었던 백인 소수 정권이 다스렸던 국가의 이름이고, 부시(Bush) 전쟁은 게릴라전이 주로 벌어지는 밀림이나 숲 지역에서의 전투를 의미한다. 아프리카 해방 투쟁의 중요한 분기점이 되는 사건 중 하나이다.

던 듯하다. 남한인지 북한인지 묻는 경우는 많지만 이렇게 대놓고 북한이 좋은 나라라고 얘기하는 경우는 처음이라 매우 당황스러웠다. 우간다 국민이 참 순박하다는 생각이 들었다.

　　북한은 또한 의료진을 파견하면서 아프리카 국가들과의 협력 관계를 유지해왔다. 앙골라 내전 당시 북한은 앙골라 정부군을 지원하며 의료진을 파견했고, 이후에도 협력 관계를 지속해 왔다. 모잠비크는 북한과 오랜 기간 의료 협력 관계를 유지해 왔으며, 북한 의료진이 현지 병원에서 근무하고 의료 교육을 제공하기도 했다. 탄자니아는 북한과 사회주의 이념을 공유하며 긴밀한 관계를 맺어왔고, 북한 의료진이 파견되어 의료 서비스를 제공했다. 짐바브웨 역시 북한과의 관계가 깊었으며, 북한 의료진이 파견돼 의료 지원을 펼쳤다.

　　또한 북한은 과거 아프리카 여러 국가에 동상을 선물하며 우호 관계를 다져왔다. 북한은 인물 동상을 잘 만드는 나라로 소문이 나 있다. 북한에서 제작된 동상들은 일반적으로 사회주의 리얼리즘 스타일을 따라 인물을 이상화하고 영웅적으로 표현하는 것이 특징이라 한다. 나미비아의 독립 기념관 앞에 커다란 동상이 있는데 북한에서 제작하여 기증했다고 한다. 북한은 과거 아프리카의 식민지 지배에 맞서 독립 투쟁을 벌였던 국가들을 적극적으로 지원했다. 나미비아 역시 남아프리카공화국의 아파르트헤이트 정책에 맞서 독립 투쟁을 벌였던 국가로 북한은 이런 나미비아의 독립 투쟁을 지지하며 동상을 기증했다.

　　나미비아 외에도 북한이 동상을 기증한 아프리카 국가는 여럿 있다. 세네갈은 아프리카 르네상스 동상이라는 거대한 동상을 건설했는데, 이는 북한의 만수대창작사에서 제작한 것으로 유명하다. 앙골라의 독립 기념관 앞에도 북한에서 제작한 동상이 있다. 에티오피아의 트글라친*(Tiglachin) 기념비도 북한이 기증한 것이며 짐바브웨의 여러 곳에 북한에서 제작한 동상과 기념비가 세워져 있다. 또한 모잠비크의 독립 영웅인 사모라 마셸의 동상도 북한에서 만든 것이다. 이 외에도 보츠와나, 차드, 콩고민주공화국, 토고, 적도기니 등 다수의 아프리카 국가들

나미비아 독립기념관 앞 동상   모잠비크 샤모라 마셸 동상

* 현지 발음을 그대로 적었다.

이 북한에서 제작한 동상을 가지고 있다. 동상 제작은 해당 국가와의 관계를 돈독히 하는 효과도 있겠지만 북한에게는 중요한 외화 획득의 수단이기도 하다. 아프리카 여러 나라에서 북한이 제작한 동상을 볼 때마다 우상화를 위해 존재하는 북한 동상과 비슷한 느낌을 받았다.

중국이 아프리카와 친한 이유?

중국과 아프리카의 교류는 생각보다 오랜 역사를 가지고 있다. 명나라 시대 정화 함대(Zheng He's fleet)가 동아프리카 해안까지 항해하며 교류를 시도했던 기록*이 있다. 이후에도 비단, 도자기 등의 물품 교역이 꾸준히 이루어졌다. 하지만 근대에 들어와 서구 열강의 식민 지배와 함께 양국 간의 교류는 단절되다시피 했다.

20세기 후반, 특히 1990년대 이후 중국은 경제 성장과 함께 아프리카 대륙에 대한 관심을 높여왔다. 아프리카는 석유, 광물 등 풍부한 천연자원을 보유하고 있어 중국의 빠른 산업화를 위한 필수적인 자원 공급처이다. 아프리카는 인구가 급증하고 중산층이 성장하면서 거대한 소비 시장으로 부상하고 있다. 아프리카에서의 영향력 확대는 중국의 국제적인 위상을 높이고 미국과의 경쟁에서 우위를 점하기 위한 전략적 차원에서 중요하다.

* 정화 함대가 동아프리카 해안까지 이르는 항해에 나선 해는 1417년이다.

아프리카는 중국의 일대일로* 사업의 중요한 축을 이루고 있다. 중국-아프리카 협력 포럼**에서 일대일로 사업에 대한 논의가 활발하게 이루어졌으며 중국은 아프리카의 풍부한 자원과 거대한 시장에 주목하여 도로, 철도, 항만 등 대규모 인프라 건설에 투자하고 있다. 아울러 과거 식민 지배를 경험한 중국과 아프리카는 서로에게 공감대를 형성하고, 남남협력을 강조하고 있다. 중국은 아프리카의 인프라 건설, 에너지 개발, 광산 개발 등 다양한 분야에 대규모 투자를 진행하고 있다. 또한 중국은 아프리카의 최대 교역 상대국이다. 아프리카 국가들은 중국으로부터 저렴한 공산품을 수입하고, 원자재를 수출하고 있다. 중국에서는 아프리카로의 무상 원조와 저리 융자를 통해 개발 협력 또한 강화하고 있다.

인프라 건설 사례로는 케냐 표준궤 철도와 에티오피아 철도를 들 수 있다. 케냐 표준궤 철도는 중국이 건설한 아프리카 최대 규모의 철도 프로젝트 중 하나이다. 케냐의 수도 나이로비와 항구 도시인 몸바사를 연결하여 물류 시스템을 개선하였다. 에티오피아 아다마-모지(Adama-Mogi) 철도는 에티오피아의 수도 아디스아바바와 지부티의 모지 항을 연결하는 철도로 중국이 건설하고 운영하는 대표적인 프로젝트이다.

---

* 일대일로는 '실크로드 경제 벨트'와 '21세기 해상 실크로드'의 줄임말로, 중국이 제시한 거대한 인프라 투자 프로젝트를 가리킨다. 이 프로젝트의 목표는 아시아, 유럽, 아프리카를 연결하는 광대한 경제권을 구축하여 중국의 경제 성장을 견인하고 세계 무역을 활성화하는 것이다.

** 중국과 아프리카 국가 간의 협력을 강화하기 위해 2000년부터 여러 차례 개최한 포럼이다.

자원개발의 예로는 콩고민주공화국의 광산 개발과 앙골라의 석유 개발을 들 수 있다. 콩고민주공화국의 풍부한 구리, 코발트 등 광물 자원 개발에 중국 기업들이 적극적으로 참여하고 있다. 앙골라의 석유 개발 프로젝트에는 중국 국영 석유 회사들이 참여하여 안정적인 에너지 공급망을 확보하고 있다. 이 외에도 주목할 만 한 사례로는 에티오피아에 특별 경제 구역 조성을 들 수 있다. 여기서 의류, 신발 등 다양한 제품을 생산하고 있다.

중국은 아프리카와의 관계를 강화하기 위해 건축물을 많이 기증했다. 대표적인 사례로 에티오피아 아디스아바바에 위치한 아프리카연합(AU) 본부 건물은 중국 정부가 총 공사비 2억 달러를 투입하여 직접 건설한 후 아프리카연합에 기증한 것이다. 그 외 의회 의사당, 국립 도서관, 병원, 공항 등 다양한 정부 청사와 공공시설을 건설하여 기증하는 경우가 많았다.

아프리카에서 6·25때에 우리를 도왔다고?

우리 정부에서 규정하는 6·25 전쟁에 참전한 국가들*은 병력 지원국 16개국과 의료 지원국 6개국 등 22개국이다. 그중 아프리카 국가로는

---

* 보도자료 '조태열 외교장관, 6·25전쟁 참전국 주한외교단과 오찬'
  https://www.mofa.go.kr/www/brd/m_4080/view.do?seq=375146

병력 지원국인 에티오피아와 남아프리카공화국 등 두 나라가 포함된다.

　　에티오피아는 1935년 10월부터 1941년 5월까지 이탈리아군의 침략을 받아 오랫동안 고통을 겪었고 이때 겨자 독가스 사용 등으로 에티오피아인 27만 5천명이 희생되는 참사를 겪기도 했다. 에티오피아 정부는 이탈리아의 무력 침공이 있을 때 국제사회에 도움을 요청했지만 외면당했다. 에티오피아는 1941년 4월 영국의 지원을 받아 이탈리아의 압박으로부터 간신히 벗어날 수 있었으며 1944년 에티오피아와 영국의 협정으로 에티오피아는 이탈리아의 압제로부터 완전히 해방될 수 있었다. 1950년 6·25 발발 당시 이탈리아로부터 해방된 상황이었으나 에티오피아 국내 정치 상황은 매우 혼란스러웠다. 에티오피아 정부는 한국으로 눈 돌릴 겨를이 없는 상황이었지만 유엔 사무총장의 지원 요청이 있자 즉각 참전을 결정하였다. 에티오피아는 육군 1개의 보병대대가 참전했고 총 참전인원은 3,518명이었다. 그 중 121명의 전사자와 536명의 부상자가 발생했다*. 우리는 에티오피아와 1963년 12월 외교관계를 수립하였고 1965년 3월 주에티오피아 한국대사관을 개설하였다.

　　남아프리카공화국은 1910년 영국령 자치권 식민지가 되면서부터, 1961년 5월 31일에 독립하여 남아프리카공화국(Republic of South Africa)으로서 자주정부가 수립되기까지 근 50여 년 동안을 남아프리카 연방(Union of South Africa)으로 있었다. 6·25 전쟁이 발발하고 1950년 6월

---

* 국가보훈처, 『영원한 동반자, 한국과 에티오피아』(휴먼컬처아리랑, 2012).

27일 유엔안보리에서 미국의 대한 군사원조에 관한 결의안이 절대다수로 가결되자, 7월 1일 즉각 이를 지지하는 성명을 발표하고 구체적인 군사지원 방안을 논의하였다. 남아프리카는 공군 1개의 전투비행대대가 6·25 전쟁에 참여했고, 참전인원은 826명이었다. 그 중 36명이 전사 또는 사고로 숨졌고 9명이 공산군의 포로가 되었다.* 남아프리카공화국과는 인종차별정책에 따른 세계적 여론 때문에 미수교 상태에 있다가 1992년 12월 외교관계를 수립하고 1993년에는 주남아프리카공화국 한국대사관을 개설했다.

남아공 공군박물관내 한국 참전 기념관   에티오피아 한국전 참전용사 기념비

* 국가보훈처, 『영원한 동반자, 한국과 남아프리카공화국』(휴먼컬처아리랑, 2013).

프랑스가 아프리카에 있다고?

산업혁명 이후 유럽 열강들은 새로운 식민지를 찾아 아프리카로 눈을 돌렸다. 프랑스 역시 예외는 아니었기에 알제리를 시작으로 서아프리카, 중앙아프리카, 북아프리카 등 광대한 지역을 식민지로 만들었다. 1884년 열린 베를린 회의에서 아프리카 대륙을 유럽 열강들이 나눠 가지면서 프랑스의 식민지 확장은 더욱 가속화되었다. 영국과 달리 프랑스는 아프리카 식민지를 직접 통치하는 방식을 채택했다. 프랑스어를 공용어로 지정하고, 프랑스 문화를 전파하며, 현지 행정 체계를 프랑스식으로 개편했다. 2차 세계대전 이후 아시아와 아프리카에서 탈식민화 바람이 불면서 프랑스의 아프리카 식민지도 하나둘씩 독립을 맞이했다.

프랑스의 식민지 지배는 아프리카 사회, 경제, 문화 전반에 걸쳐 큰 영향을 미쳤다. 프랑스어는 아직도 많은 아프리카 국가의 공용어로 사용되고 있으며, 프랑스 문화는 아프리카 문화와 융합되어 새로운 문화를 형성하기에 이르렀다. 또한 유로화와 연계된 세파 프랑(CFA franc)에 대한 지배력은 아프리카 경제에 대한 프랑스의 영향을 짐작하게 한다. CFA 프랑은 아프리카 14개국에서 사용되고 있는데 이 중 12개국은 이전에 프랑스의 지배를 받았던 세네갈, 코트디부아르 등 서부 및 중부 아프리카 국가이며 이전 포르투갈 식민지였던 기니비사우와 이전 스페인 식민지였던 적도 기니도 그 사용국에 포함된다. CFA 프랑은 유로화에 고정된 환율로 운영되어 통화 안정성이 유지되며 프랑스 재무부의 보증이 있어 그 가치가 유지되고 있다.

반면 프랑스의 아프리카에 대한 영향력은 점차 약화되는 모양새다. 과거 식민종주국이었던 프랑스에 대한 반감, 아프리카 국가들의 자주성 강화의 열망, 그리고 중국과 러시아 등 새로운 협력 파트너의 등장이 이러한 변화를 가속화하고 있다. 최근에는 아프리카 지역에 주둔한 프랑스군의 지속적인 철수뿐만 아니라 정치, 경제, 자원 등에서도 협력의 강도가 약화되고 있다. 2024년 12월 27일 세네갈은 프랑스군 철수를 발표했고 2025년 1월 1일 코트디부아르 대통령은 신년사를 통해 자국에서 프랑스 군대를 철수하기로 결정했다고 발표했다. 니제르, 말리, 부르키나파소, 차드, 세네갈에 이어 코트디부아르마저 프랑스군 철수를 결정하면서 프랑스군은 아프리카 국가 중 가봉(350명)과 지부티(1,500명) 단 두 곳에만 남게 되었다.

프랑스가 아프리카에서 식민지로 다스렸던 나라 대부분이 독립했지만 마다가스카르 동쪽에 위치한 레위니옹(La Réunion)은 아직도 프랑스령으로 남아 있다. 레위니옹은 16세기에 포르투갈 탐험가들에 의해 처음 발견되었다. 당시에는 무인도였으며 주변 섬들과 함께 마스카렌 제도(Mascarene Islands)로 불렸다. 17세기 중반 프랑스가 이 섬을 점령하고 부르봉 왕조의 이름을 따 부르봉 섬이라 명명하기도 했다. 프랑스는 이곳을 식민지로 삼고 설탕 생산을 위한 플랜테이션을 조성하며 경제적 가치를 높이려 노력했다. 설탕 생산을 위해 아프리카, 인도, 중국 등에서 노예들을 대거 강제로 이주시켰는데 이러한 역사적 배경이 오늘날 레위니옹의 다양한 인종과 문화가 공존하는 사회를 형성하게 되었다.

레위니옹은 19세기 이후 프랑스의 해외 영토로서의 지위를 더욱 공고히 했고, 20세기에는 프랑스 본토와의 관계가 더욱 강화되어 1946년에는 프랑스의 해외 레지옹(Région d'outre-mer)*으로 승격되었다. 20세기 중반 이후 식민지 시대가 종료되면서 많은 식민지들이 독립을 선언했다. 그러나 일부 지역은 프랑스와의 관계를 유지하며 해외 레지옹이라는 형태로 프랑스에 남게 되었다. 레위니옹도 그 중 하나이다.

레위니옹은 프랑스령이기 때문에 프랑스와 마찬가지로 프랑스어가 공식 언어이며 유로화를 사용한다. 프랑스 본토와의 문화적, 경제적 교류가 활발하게 이루어지고 있어 본토보다는 다소 못 사는 지방도시 같은 느낌이 있다. 이곳은 세계에서 가장 활발한 화산 중 하나인 푸르네즈 화산(Piton de la Fournaise)과 깊은 협곡, 울창한 열대 우림, 아름다운 해변 등 다양한 자연경관을 자랑한다.

프랑스에 근무할 때 현지인들이 휴가 때 레위니옹을 간다는 얘기를 종종 들어 궁금했었다. 요하네스버그에 근무하면서 맘속에 그리던 레위니옹을 가 볼 기회가 생겼다. 지리적으로는 아프리카에 있지만, 문화적으로는 그야말로 프랑스였다. 모처럼 길거리 가게에서 바게트를 사 먹을 수 있었고 자유롭게 거리를 활보할 수 있었다. 연중 따뜻한 기온이 유지되어 겨울철이면 으슬으슬 추운 프랑스 본토의 사람들에게는

---

* 프랑스의 해외 레지옹은 레위니옹 외에 카리브해에 위치한 화산섬 과들루프(Guadeloupe)와 마르티니크(Martinique), 남아메리카 북동부에 위치한 프랑스령 기아나(Guyane), 아프리카 동쪽 인도양에 위치한 섬 마요트(Mayotte) 등이 있다.

레위니옹 관공서 전경

레위니옹 버스 정류장

이만한 겨울철 휴가지가 없을 듯하다. 일본 식민 지배의 아픈 역사가 있는 우리나라의 국민 대다수는 다른 나라를 지배한다는 데 큰 반감이 있다. 하지만 레위니옹에 발을 딛고 보니 우리나라도 날씨 좋은 이런 곳에 해외령을 갖고 있으면 얼마나 좋을까라는 생각을 하게 됐다.

아프리카의 자연(nature)

『어린왕자』의 배경이 아프리카?

생텍쥐페리(Antoine de Saint-Exupéry)의 『어린왕자』*는 한 성인의 내면에 존재하는 어린 소년, 그리고 그 소년을 통하여 우리 내면의 영원한 아이에게 헌정된 책이다. 『어린왕자』에는 사하라 사막, 바오바브나무, 코끼리, 보아 뱀 등이 등장한다. 생텍쥐페리 작가의 경험에 비추어볼 때 아프리카와 남아메리카에서 경험한 것들이 등장한 것이라 보면 된다.

　　사하라 사막은 아프리카 대륙 북부에 위치한, 세계에서 가장 큰 사막이다. 아프리카 대륙의 약 1/3을 차지하고 있다. 넓은 모래 언덕과 바

---

* 불어 원어로는 〈Le Petit Prince〉이다.

위투성이의 평원으로 이루어져 있으며, 극심한 더위와 건조한 기후로 유명하다. 낮에는 섭씨 50도를 넘는 뜨거운 열기가, 밤에는 영하로 떨어지는 혹한의 추위가 반복된다. 비는 거의 내리지 않아 매우 건조하며, 강한 모래 폭풍이 자주 발생한다. 극한 환경 속에서도 낙타, 도마뱀, 뱀 등 다양한 동물과 선인장 등의 식물이 살아가고 있다. 사하라 사막을 여행하기에 가장 좋은 나라는 모로코로 꼽힌다. 낙타 트레킹, 사막 캠핑, 샌드 보딩 등 다양한 사막 체험을 할 수 있는 프로그램이 마련되어 있다. 반면 사하라 사막의 가장 넓은 부분을 차지하고 있는 알제리는 아직 관광업 개발이 덜 되어서 관광객이 그리 많지 않다.

바오바브나무는 독특한 생김새로 인해 많은 사람에게 사랑받는다. 특히 『어린왕자』에 등장하면서 더욱 유명해졌다. 바오바브나무는 주로 마다가스카르와 호주의 건조하고 따뜻한 지역에서 서식한다. 연 강수량이 적고, 일교차가 큰 극한 환경에 적응하여 오랜 세월에 걸쳐 살아남은 나무이다. 세계에서 가장 많은 종류의 바오바브나무가 서식하는 곳은 마다가스카르 섬이다. 마다가스카르 섬의 특유한 지형과 기후 조건이 바오바브나무의 다양성을 이끌어냈다고 한다. 바오바브나무는 건조한 환경에 적응하여 줄기에 많은 양의 물을 저장한다. 마치 물통처럼 생긴 줄기는 바오바브나무의 가장 큰 특징 중 하나이다. 또한 건조한 환경에서 살아남기 위해 뿌리를 깊게 뻗어 수분을 흡수한다. 넓게 펼쳐진 가지는 햇빛을 최대한 받아 광합성을 활발하게 한다.

『어린왕자』에서 바오바브나무는 작은 왕자의 행성에 위협이 되는

마다가스카르 모론다바(Morondava)의 바오바브나무

존재로 묘사되고 있다. 그래서 어린 왕자는 매일 바오바브나무를 뽑아내는 일을 한다. 높이 25m 이상, 둘레 10m가 넘는 바오바브나무도 많다 보니 소설에서 바오바브나무가 등장한 이유가 이해된다. 바오바브나무가 어린 왕자의 별에서 자라나기 시작하면 걷잡을 수 없이 커져서 별 전체를 뒤덮어 결국 다른 존재들이 살 수 없게 만들 것이다. 하지만 실제의 바오바브나무는 버릴 게 하나 없는 유익한 나무이다. 열매, 잎, 뿌리 등은 식량으로 이용되고 질병 치료를 위한 약재로도 사용된다. 또한 섬유, 로프 등 다양한 생활용품을 만드는 데도 사용된다. 그래서인지 바오바브나무는 많은 아프리카 부족들에게 신성한 나무로 여겨지고 있다.

마다가스카르 안타나나리보(Antananarivo)의 바오바브나무

『어린왕자』에서 중절모처럼 보이는 그림은 보아 뱀이 코끼리를 삼킨 것이다. 『어린왕자』 때문에 보아 뱀이 코끼리도 먹을 수 있다는 인식이 있지만, 사실 보아 뱀의 최대 크기는 수컷이 1.8~2.4m 정도에 불과하고, 암컷의 경우에도 수컷보다는 크게 자란다지만 평균 2.1~3m에 불과해 코끼리를 삼킬 수는 없다. 보아 뱀은 주로 남아메리카와 중앙아메리카의 열대 우림이나 습지, 건조한 지역 등 다양한 환경에서 서식한다. 아프리카에는 일반적으로 보아 뱀이 서식하지 않아 아마도 생텍쥐페리가 남아메리카와 중앙아메리카에서 서식하는 큰 뱀을 『어린왕자』에 등장시킨 듯하다.

우리가 생물 시간에 귀 아프도록 들은 그 유명한 찰스 다윈이 마다가스카르와 깊은 인연이 있다. 다윈은 세계 곳곳을 누비며 생물의 다양성을 관찰하고 진화론을 탄생시킨 과학자이다. 그가 방문한 곳 중 하나가 바로 마다가스카르다. 마다가스카르는 아프리카 대륙에서 떨어져 나와 오랜 시간 고립된 섬으로 독특한 생태계를 지니고 있다. 이러한 고립은 독특한 진화를 가능하게 하여 세상 어디에서도 볼 수 없는 다양한 동식물이 서식하게 되었다. 마다가스카르에서 수집된 자료는 다윈의 진화론을 뒷받침하는 강력한 증거가 되었다. 다윈은 마다가스카르에서 얻은 경험을 바탕으로 『종의 기원』을 완성하고, 생물학의 새로운 지평을 열었다. 마다가스카르가 원산지인 앙그레쿰 세스퀴페달레(Angraecum sesquipedale)는 다윈의 난(Darwin's orchid)으로 유명하다. 찰스 다윈이 이 난초를 처음 접했을 때, 긴 꿀주머니를 보고 매우 흥미로워했다. 그는 이 긴 꿀주머니에 꿀이 들어있고 이 꿀을 먹기 위해 긴 혀를 가진 특별한 나방이 존재할 것이라고 예측했다. 다윈의 이러한 예측은 당시에는 매우 혁신적이었고 많은 사람들이 의문을 제기했다. 하지만 다윈이 죽은 이후 실제로 긴 혀를 가진 나방이 발견되면서 그의 예측이 정확했음이 증명되었다. 그래서 이 난초는 다윈난이라는 별명으로 더 유명하다. 그 외 레무르, 포사*등이 마다가스카르에서만 볼 수 있는 고유종이다.

---

* 마다가스카르 섬에서만 서식하는 고양이과 동물로, 긴 몸과 짧은 다리가 특징이다. 밤에 주로 활동하며, 뛰어난 사냥 능력을 가졌다.

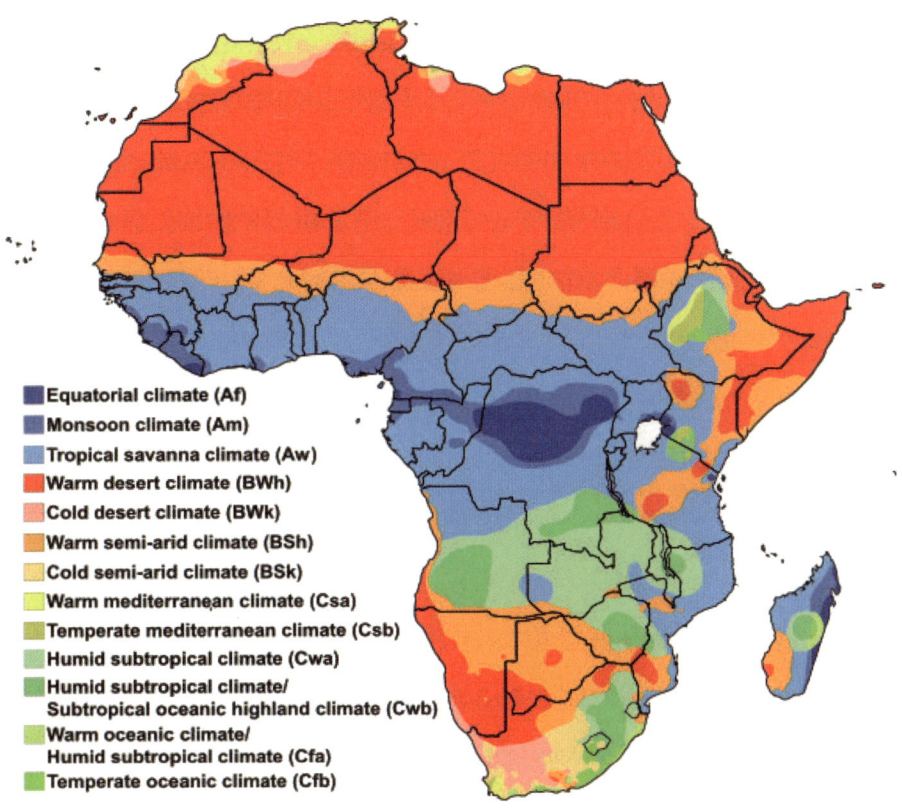

아프리카 기후 분포도
출처: 위키미디아 커먼스

아프리카에서도 스키를 탄다고?

우리가 알고 있는 아프리카 기후는 강렬한 태양 아래 이글이글 타오르는 열기를 연상시킬 것이다. 하지만 아프리카 대륙에는 보다 다양한 기후가 존재한다. 아프리카의 평균고도는 670m의 고원지대로 중부는 초원지대, 서부는 저지대를 이루고 있다. 적도 부근에 위치한 콩고 강 분지에는 고온다습한 열대우림기후(Tropics)가 있으며, 동아프리카에 위치한 탄자니아, 케냐, 짐바브웨 일대의 대평원 등지에는 열대기후 중 우기와 건기가 번갈아 나타나는 사바나기후(Savana), 아프리카 북부의 사하라 사막과 남서부의 칼라하리 사막에서는 강수량이 적은 사막기후(Desert), 사막 지역 근처에서는 초원을 형성하는 스텝기후(Steppe), 북부의 일부 지역과 남부지역에서는 온대기후인 지중해성기후(Mediterranean)가 있다.

아프리카 대륙의 위치는 북위 37°20′의 북쪽 끝에서 남위 34°52′의 남쪽 끝까지이다. 우리나라의 위도가 북위 37도인데 거의 같은 위치에서 시작한다고 보면 된다. 가봉, DR콩고, 우간다, 케냐의 적도를 기준으로 이남, 즉 남반구는 우리가 사는 북반구와 계절이 반대를 이룬다. 따라서 한국의 여름이 남아프리카공화국에서는 겨울이 된다.

아프리카 주요 도시들의 고도는 남아프리카공화국 요하네스버그 1,750m, 케냐 나이로비 1,795m, 에티오피아 아디스아바바 2,326m, 탄자니아 도도마 1,120m 등 동·남아프리카 국가의 주요 도시들은 고도가 높은 곳에 자리한다. 하지만 코트디부아르 아비장, 가나 아크라, 나이지리아 라고스 등은 해안가에 있으면서 낮은 고도에 있다.

케냐와 에티오피아 출신의 마라톤 선수들이 세계에서 뛰어난 성적을 거두는 편인데, 케냐와 에티오피아의 고지대가 그 이유 중의 하나로 꼽히기도 한다. 케냐와 에티오피아의 고지대에서 나고 자란 사람들은 좋은 훈련 환경을 가지고 있는 셈이다. 이곳에 사는 이들은 산소가 적은 환경에 적응한 강한 심폐 기능을 가지고 있는 것으로 알려져 있다.

대류권 안에서 고도가 100m 오르면 대략 0.6℃의 기온이 낮아진다. 1,000m 이상의 고도에 있다면, 기온이 6℃ 낮아진다는 얘기이다. 아프리카 동부와 남부에 있는 도시들은 우리 생각과는 달리 무덥지 않은 쾌적한 기온을 유지한다. 우리 재외동포들이 케냐와 남아프리카공화국에 많이 거주*하는 이유도 쾌적한 날씨와 무관치 않아 보인다.

남아프리카공화국에 둘러싸인 레소토(Lesotho)라는 작은 국가가 있다. 이 나라는 고도 3,000m가 넘는 지역이 있는데 이곳에서는 겨울철인 6월에서 8월 사이에 스키를 즐길 수 있다.

케냐의 적도 지점에 가면 몇몇 젊은이들이 돈을 받고 양동이에 물을 붓고 북반구, 남반구, 적도 위치에서 각각 다른 물 흐름을 보여준다. 북반구는 반시계 방향으로, 남반구는 시계 방향으로 흐르고, 적도에서는 바로 떨어지는 모양이다. 이러한 현상을 코리올리 효과(Coriolis effect)라고 부른다. 하지만 과학자들의 설명에 의하면 작은 물의 움직임은 미

---

* 『재외동포 현황 2023』에 의하면 남아프리카공화국 4,369명, 케냐 1,068명으로 집계되고 있다.

남반구, 북반부 물흐름 퍼포먼스를 보여주는 케냐의 적도 지점

약해서 초기 물이 흘러오는 방향, 용기의 굴곡 등 표면 구성 등에 따라 물의 회전 방향이 쉽게 바뀔 수 있다고 한다. 아마도 시연할 때 퍼포먼스적 요소가 있지 않나 싶다. 물론 태풍이나 해류 등 큰 실체의 경우에는 명백한 영향을 받는다고 한다.

이집트의 나일강이 아니라고?

우리에게 나일강은 이집트의 나일강으로 알려져 있지만 최근 에티오피아의 댐 건설 이슈로 인해 우리에게 새롭게 인지되고 있다.

나일강의 원천은 두 곳이다. 하나는 백나일(White Nile)이고, 다른

에티오피아 1비르 구권 뒷면의 청나일 폭포

우간다 백나일의 원천

청나일강과 GERD

하나는 청나일(Blue Nile)이다. 백나일은 탄자니아, 케냐, 우간다 사이에 있는 아프리카 최대의 호수인 빅토리아 호수에서 시작되며 청나일은 에티오피아 고지대의 타나 호수에서 시작된다. 두 강은 수단의 수도 카르툼(Khartoum) 근처에서 합쳐져 주 수로를 형성하며 이집트를 통해 북쪽 지중해로 흐른다.

나일강 원천이 이집트와는 전혀 관련이 없지만 나일 강 해역에 대한 이집트의 권리 주장은 1929년 이집트와 영국 간 서명된 앵글로 이집트 조약과 1959년 이집트-수단의 양국 간 합의에 따라 거의 90년 동안 법으로 효력을 발휘해 왔다. 나일 강 수자원 협정(Nile Waters Agreements)으로 알려진 이 협약은 수단에 연간 185억m^3의 물과 이집트에 555억 m^3의 물을 보장하고 있는 것으로 알려져 있다. 나일 강 수자원 협정은 나일 강의 원천이 있음에도 불구하고 에티오피아에는 물을 할당하지 않았고* 나일 분지의 다른 8개국에는 할당이 되었다. 더욱이 영국과 서명한 이집트 조약은 나일 강과 그 지류의 건설 프로젝트에 대해 이집트에게 거부할 수 있는 권한을 부여했다.

나일 강 물 분배를 둘러싼 갈등은 수십 년 동안 존재해 왔지만, 특히 이집트와 에티오피아 간의 갈등은 에티오피아가 2011년 청나일 강에 댐 건설을 시작하면서 팽창되었다. 나일 강으로 흘러드는 물의 85%

---

* 식민지 시대에 이집트는 영국의 보호국이었으며 수단은 영국과 이집트의 공동 통치하에 있었다. 동 협정은 에티오피아를 비롯한 다른 상류 국가들의 의견을 전혀 반영하지 않은 일방적인 협정으로 이집트와 수단이 나일강 수자원에 대한 독점적인 권리를 주장하는 근거로 사용하게 되었다.

이상을 공급하는 고지대를 가진 에티오피아는 오랫동안 천연 자원을 활용하여 광범위한 빈곤 문제를 해결하고 국민의 생활수준을 개선할 권리가 있다고 주장해 왔다. 에티오피아는 수력 발전 댐(Grand Ethiopian Renaissance Dam, GERD)이 나일 강으로 흘러드는 물의 흐름에 큰 영향을 미치지 않을 것이라고 주장했지만, 거의 전적으로 나일 강물에 의존하는 이집트는 이 댐 건설을 물 안보에 대한 주요 위협으로 본다.

  수단은 이집트와 에티오피아의 이해관계 사이에서 곤경에 처해 있다. 수단은 GERD 건설에 호의적인 입장을 보이면서도 동시에 우려를 계속 표명하는 중이다. 2020년 아프리카 연합의 의장을 맡은 남아프리카공화국의 시릴 라마포사(Cyril Ramaphosa) 대통령은 GERD 저수와 관련된 많은 문제를 해결하기 위해 여러 차례 회담을 주도했다. 당시 회담에서는 상당한 진전이 있었지만 댐이 가뭄을 완화하는 데 어떤 역할을 할지에 대한 명확한 합의는 아직 이루어지지 않은 상태다.

 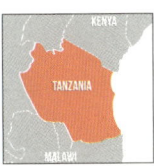

킬리만자로는 어느 나라에 있나?

우리에게 킬리만자로는 매우 친근한 단어이다. 1985년 가수 조용필이 부른 '킬리만자로의 표범'이 히트하면서 우리에게 널리 알려졌다. 헤밍웨이의 『킬리만자로의 눈』에 나온 내용이 모티브가 되어 남자의 야망과 고독을 아프리카 킬리만자로 산에 오르는 표범에 비유했다. 킬리만자로는 5,895m의 높이로 아프리카에서 가장 높은 산이다. 동아프리카

하늘에서 내려다 본 킬리만자로

에 위치한 탄자니아의 국립공원에 있으며 꼭대기에는 만년설이 있는 곳으로도 유명하다. 근데 정말 킬리만자로에 표범이 살고 있을까? 사실은 높은 고도로 인해 먹잇감이 없을 뿐더러 표범이 살기에는 극한 환경이라고 한다. 킬리만자로를 신비롭고 아름다운 곳으로 묘사하며 인간의 고독과 숙명을 상징적으로 표현하기 위해 등장한 상징일 뿐이다.

1889년 독일의 지리학자 한스 마이어(Hans Meyer)와 오스트리아의 산악인 루트비히 푸르첼러(Ludwig Purtscheller)가 유럽인 최초로 킬리만자로 정상에 올랐다. 이는 유럽인들에게 아프리카라는 미지의 세계에 대한 호기심을 자극하고, 탐험의 열풍을 불러일으키는 계기가 되었다. 킬리만자로는 현재 탄자니아와 케냐의 국경 근처에 있다. 아프리카 대륙의 국경은 유럽 열강들의 제국주의 시대, 특히 1884년 베를린 회의를 기점으로 임의적으로 설정되었다. 이 회의에서 아프리카는 마치 케이크를 나누듯이 유럽 열강들에 의해 분할되었고, 이 과정에서 현재의 국경선이 형성되었다.

킬리만자로가 위치한 지역은 당시 독일의 식민지였지만, 주변 지역은 영국과 프랑스의 식민지였다. 유럽 열강들은 킬리만자로를 중심으로 영토를 나누면서 현재의 탄자니아와 케냐 국경을 설정했고, 결과적으로 킬리만자로는 탄자니아 쪽에 속하게 되었다. 킬리만자로를 포함한 아프리카 대륙의 많은 국경은 지도 위에 자를 대고 그은 듯 직선 형태를 하고 있다. 이는 당시 유럽 열강들이 아프리카를 종족과 문화는 고려치 않고 자기들의 이익을 따라 영토를 나누는 데만 관심이 있었음을 보여준다. 탄자니아는 19세기 후반부터 1차 세계대전까지 독일의 식민지였다. 독일은 이 지역에서 다양한 경제 활동을 추진하고 식민지 통치 체제를 구축했다. 하지만 1차 세계대전에서 독일이 패배하면서 독일령 동아프리카는 1918년부터 연합군에 점령되었고 이후 1920년부터 영국의 위임통치령이 되었다.

아프리카 동해안에 위치한 탄자니아의 잔지바르 섬은 오랜 역사 동안 아랍 문화와 깊은 교류를 해왔다. 이러한 역사적 배경은 잔지바르의 문화, 건축, 언어 등 다양한 측면에 영향을 미쳐 독특한 문화를 형성하게 되었다. 잔지바르는 과거 향신료 무역의 중심지였으며 아랍 상인들이 이곳을 통해 아프리카와 아시아를 연결하는 중요한 무역로를 형성했다. 이 과정에서 아랍 문화가 잔지바르에 전파되고, 두 문화가 서로 융합되었다. 아랍 상인들과 함께 이슬람교가 잔지바르에 전파되었고, 그로 인해 현재 잔지바르의 대부분 사람이 이슬람교도이다. 잔지바르에서 사용되는 스와힐리어는 아랍어의 영향을 강하게 받았다. 많은 스와힐리어 단어들이 아랍어에서 유래되었으며 아랍 문자를 사용하여 스와힐리어를 표기하기도 한다. 잔지바르의 스톤 타운은 유네스코 세계문화유산으로 지정되어 있으며 아랍 건축 양식의 영향을 받은 독특한

탄자니아 잔지바르 해안가 전경

잔지바르 향신료 농장　　　　　　흑단으로 만든 코끼리

건물들이 많이 있다. 이곳의 음식 문화 역시 아랍 요리의 영향을 받아 향신료를 풍부하게 사용한다. 잔지바르에는 다양한 향신료 농장들이 운영되며, 일부 농장은 관광객들에게 개방되어 특별한 경험을 선사하고 있다.

　　탄자니아의 특산품으로 흑단(ebony)도 유명하다. 매우 단단하고 조직이 치밀하여 물에 넣으면 가라앉을 만큼 무겁다. 유럽에서의 수요가 많아 가격이 비싸며 원목 그 자체로 수출하는 것은 금지 사항이다. 흑단은 고급 가구 및 장식재, 공예품 그리고 최고급 목관 악기 등을 만들 때 사용된다.

아프리카에서 Big 5는?

아프리카에서 Big 5란, 사자, 표범, 코뿔소, 코끼리, 버펄로 등 다섯 종의 동물을 일컫는다. 이는 사냥꾼이 아프리카에서 도보로 사냥하기 가장 어려운 다섯 가지 동물을 지칭하기 위해 만들었다. 하지만 지금은 동물 관람 관광객과 사파리 투어 운영자가 더 널리 사용하고 있다. 사파리에 갈 때, 그 지역에 Big 5가 모두 있는 지에 따라 국립공원의 위상이 달라진다.

사자

표범

코뿔소

코끼리

버펄로

아프리카에는 다양한 야생 국립공원들이 있지만 가장 유명한 곳은 케냐의 마사이마라와 탄자니아의 세렝게티이다. 마사이마라와 세렝게티는 소속된 국가에 따라 달리 불리는 이름이며 동물들에게는 그냥 똑같은 초원이다.

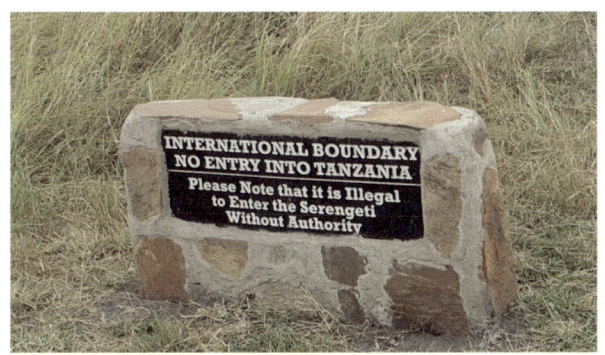
케냐 마사이마라로부터 탄자니아 세렝게티로의 진입금지를 알리는 표지판

케냐 쪽에서는 자국에 속한 마사이마라가 사파리 가성비가 좋다고 한다. 입장료뿐만 아니라 상대적으로 면적이 좁은 마사이마라로 동물들이 이동하다 보니 적은 시간을 들여 많은 동물을 볼 수 있다는 것이다. 7월, 8월에는 누(Gnu, 아프리카 초원 소) 떼를 비롯한 많은 동물들이 세렝게티에서 마사이마라로 대거 이동한다. 동물들이 연간 이동하는 거리는 2,000km가 넘는다고 한다. 그렇게 이동하는 누 떼 무리의 선두에 얼룩말들이 포진해 있다. 이들 누와 얼룩말은 서로 이로운 관계를 형성한다. 얼룩말은 시력이 좋아 주변을 잘 살펴 포식자를 먼저 발견할 수 있고 누는 후각이 뛰어나 먹이를 찾는데 능하다고 한다. 서로의 강점을 활용하여 포식자의 위협으로부터 서로를 보호하는 것이다.

세렝게티에서 마사이마라로 이동하는 누떼

악어가 살고 있는 마라강

사자가 먹다 남긴 잔해 물

완전 해체된 잔해 물

초원에서 동물을 보고 있자면 자연의 법칙을 깨닫게 된다. 최상의 포식자 사자는 배가 부르면 사냥하지 않는다. 또한 사냥한 먹잇감을 독

아프리카의 자연(nature) 165

케냐 사파리 차량

식하지도 않는다. 먹을 만큼 먹고 남은 사체는 다른 동물에게 넘겨 주는 것이다. 잔여물은 하이에나, 자칼, 독수리, 족제비, 너구리 등에 의해 해체되며, 먹이사슬에서 중요한 역할을 한다. 이렇게 동물의 생태계는 균형을 유지하는 것이다.

남아프리카공화국의 크루거 국립공원(Kruger National Park)도 사파리로 유명하다. 좀 다른 면이 있다면 정해진 길을 따라서만 사파리 차가 이동하여 동물을 가까이에서 관람하기가 어렵다. 그 외 우간다는 산악고릴라로 유명하며, 보츠와나에는 세계에서 가장 많은 코끼리가 있다.

아프리카는 사바나, 열대우림, 사막 등 다양한 서식 환경이 존재하여 Big 5외에도 다른 곳에서 보기 어려운 동물들이 많이 있다. 그중 『라

혹멧돼지

『라이온 킹』에서 '하쿠나 마타타'를 외치던 품바가 있다. 품바는 아프리카에 사는 돼지과 동물로 코끝에 혹이 나 있는 야생멧돼지이다. 돼지에 뿔이 달려있어 실제로 보면 영화만큼은 아니지만 나름 귀엽다.

『라이온 킹』에 나오는 아프리카 리듬의 박진감 넘치는 노래가 생각난다. 노래 제목의 원문은 'Circle of Life'*인데 유튜브에서 찾아볼 수 있는** 이와 관련된 방송사고 영상이 재미있다. 『라이온 킹』에서 해가 뜨면서 나오는 "아 ~~~ 그랬냐 ~~~ 발발이 치와와 스치고 왜냐하면~ 왜

---

* 곡 초반의 줄루어로 부른 강한 외침이 인상적이며 아프리카의 온갖 생물들이 심바의 후계자 선포식에 초대받은 장면을 그린 노래이다.

** https://youtu.be/bRYU1c8k_6k?feature=shared

냐하면~"이라고 들리는 노래제목을 묻는 청취자의 질문을 방송사 영화 음악 진행자가 소개하면서 웃음을 참지 못하고 방송 사고를 낸 동영상이다. 실제로 위의 한글 가사를 읽으면서 'Circle of Life' 노래를 들으니 정말 똑같았다. 방송사고 낸 게 이해될 정도이다. 독자들도 한번 들어보시라. 그 외 마다가스카르에는 꼬리긴 원숭이와 비슷한 레무르*가 있고 귀가 큰 사막여우도 있다.

레무르

사막여우
출처: 위키미디아 커먼스 / ⓒ David J. Stang

---

* 마다가스카르 섬에 주로 서식하는 영장류의 하나로, 큰 눈과 긴 꼬리가 특징이다. 긴꼬리원숭이와 마찬가지로 꼬리가 길지만, 꼬리로 나뭇가지를 감싸지는 못한다.

세계 최대의 백금 생산국이 남아프리카공화국이라고?

아프리카는 세계의 '보물 창고'라고 불릴 만큼 광물 자원이 매우 풍부하다. 전 세계 광물자원의 1/3이 매장되어 있는 것으로 알려져 있다. 귀금속 류로는 금, 백금, 다이아몬드와 은 등이 많이 매장되어 있다. 산업용 광물은 다이아몬드*(남아공, 보츠와나, 콩고 민주 공화국), 구리(잠비아, 콩고 민주 공화국), 코발트(콩고 민주 공화국), 보크사이트(기니), 철광석(남아공, 모리타니, 기니), 망간(남아프리카공화국, 가봉), 우라늄(니제르, 나미비아, 나이지리아) 등이 매장되어 있다. 아프리카는 스마트폰, 전기자동차 등과 같은 첨단 산업에 사용되는 희토류 원소 또한 상당한 정도로 보유하고 있다.

화석 연료인 석유 및 가스는 북아프리카(알제리, 리비아)와 기니만(나이지리아, 앙골라, 적도 기니)에 상당한 매장량이 있다. 석탄은 남아프리카공화국이 많은 매장량을 보유하고 있으며, 국가의 주요 에너지원이다.

2023년 기준 다이아몬드를 가장 많이 생산**한 아프리카 국가는 보츠와나로 2,509캐럿을 생산했다. 앙골라, DR콩고, 남아프리카공화국, 짐바브웨 등이 그 뒤를 잇고 있다. 다이아몬드는 섭씨 1,000도 이상의 온도에서 약 150㎞ 높이로 쌓아 올린 바윗덩어리가 누르는 정도의 압력을 받아야 생겨난다고 한다. 세상에서 가장 큰 다이아몬드는 1905

---

* 산업용 다이아몬드는 경도와 내구성이 중요하며 주로 품질이 낮은 다이아몬드가 사용된다.
** 현재 세계에서 다이아몬드를 가장 많이 생산하는 국가는 러시아이다.

년 남아프리카공화국*의 한 광산에서 발견된 컬리넌(Cullinan) 다이아몬드인데 무게가 무려 3,106캐럿(621.2g)에 달하며 그 중 가장 큰 조각은 영국 왕실의 왕관에 장식되어 있다. 1902년 베레니깅 조약**(Treaty of Vereeniging)으로 인해 컬리넌 다이아몬드가 발견된 트란스발공화국에서 영국으로 넘어간 것이다. 만일 그 이전에 발견되었더라면 그 다이아몬드의 운명도 달라졌으리라.

　　금 또한 남아프리카공화국, 가나, 말리 등 많은 아프리카 국가들에 매장되어 있으며 이들 나라의 중요한 수출품이다. 금은 인류가 오랫동안 소중하게 여겨온 귀금속이지만 흥미롭게도 금은 지구 내부에서 만들어진 것이 아니라고 한다. 지구 탄생 당시의 극한 온도와 압력으로는 금과 같은 무거운 원소가 만들어질 수 없다는 것이다. 따라서 금은 우주에서 소행성이나 혜성 등을 통해 지구로 운반되어 지각 깊은 곳에 묻히거나, 강물에 의해 운반되어 퇴적되면서 금맥을 형성하게 되었다는 게 현재까지의 이론이다. 인류가 채굴하는 황금의 절반 이상이 남아프리카 지역에서 나온다. 2018년 기준 가나가 14만 8,000kg의 금을 생산하여 아프리카 1위를 차지하였으며 남아프리카공화국, 수단, 말리, DR콩고가 그 뒤를 이었다. 또한 남아프리카공화국은 백금(플래티넘, platinum)의

---

* 　남아프리카공화국은 1872-1903년 사이에는 세계 다이아몬드 생산량의 95%를 점유하였으나 이후 생산량이 감소하여 현재는 전 세계 생산량의 14% 정도만을 차지하고 있다.
** 　베레니깅 조약은 1902년 5월 31일에 남아프리카공화국 베레니깅에서 영국과 보어족 사이에 체결된 조약으로 제2차 보어 전쟁을 종식시켰다.

지구로 들어와 인류를 사로잡은 황금

세계 최대 생산국이기도 하다. 백금은 매우 귀하고 희귀한 금속으로 서비스 분류 등급에서 프리미엄 혜택을 상징한다. 최근에는 보석으로뿐만 아니라 수소 연료 전지의 핵심 부품인 촉매로 사용되어 미래 에너지 산업에 있어서도 매우 중요한 광물이 되었다.

아프리카 국가들은 광물을 생산한 그대로 수출하지 않고 부가가치 상승과 일자리 창출을 위해 현지에서 일정 수준까지 가공을 거친 후 수출하는 정책을 도입하고 있다. DR콩고와 잠비아는 리튬, 코발트, 구리를 생산하면서 배터리 제조사를 유치하려는 이른바 'Battery Line'을 구축하고자 한다. 리튬이온 배터리와 납축 배터리는 전 세계적으로 수요가 탄탄하고 아프리카 역내에서도 수요가 상당하다. 그런 점에서 한국 기업들이 DR콩고와 잠비아의 배터리 라인 프로젝트에 관심을 가질 필요가 있다.

 2023년 시가총액 기준으로 아프리카 광물 관련 기업 중 1위는 125억 달러 규모의 Gold Fields이며 Anglo American Platinum, AngloGold Ashanti, Harmony Gold Mining Company, Sibanye Stillwater 등이 그 뒤를 잇고 있다. 이들 모두 남아프리카공화국에 소재한 기업들이다.

 탄자나이트는 광물보다 보석이라고 칭해야 어울린다. 이름에서 유추할 수 있듯이 탄자니아를 대표하는 보석이다. 깊고 신비로운 청색 빛깔로 많은 이들의 마음을 사로잡는 이 보석은 1960년대 후반에 탄자니아 북부의 메레라니(Mererani) 산에서 우연히 발견된 비교적 새로운 보석이다. 다른 지역에서는 유사한 광물이 발견되지 않아 그 희소성과 아

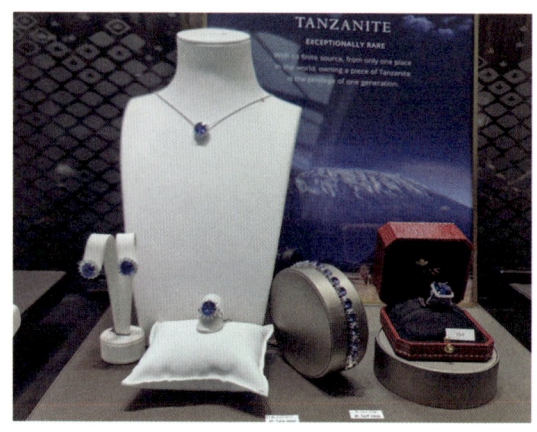

탄자나이트 보석

름다운 색상으로 높은 가치를 인정받고 있다. 다양한 디자인의 주얼리로 만들어져 결혼반지, 목걸이, 귀걸이 등으로 활용되고 있다.

자원이 이렇게 많은 국가가 왜 빈곤한 처지에서 벗어나지 못하고 있는지 생각하다 보면, 자원의 저주라는 말이 떠오른다. 자원 수출에 크게 의존하는 경제가 되다 보니 세계시장의 가격 변동에 취약할 수밖에 없다. 또한 귀중한 자원에 대한 통제권을 놓고 경쟁하기 때문에 부패와 더불어 무역 충돌이 발생한다. 더욱이 자원 채굴은 서식지 파괴와 환경 오염을 초래할 수 있다. 따라서 지속 가능한 개발 전략을 수립하여 건강한 경제 성장을 도모하는 것이 시급하다.

케냐가 꽃가루 알레르기 없는 천국이라고?

여기서 잠시 개인적 경험을 소개하고 싶다. 2017년 8월부로 케냐 근무가 시작되었다. 도착해서 가장 인상 깊었던 풍경은 나무에 총 천연색의 커다란 꽃들이 화려한 자태를 뽐내는 것이었다. 보통 큰 나무에 달린 꽃들은 대부분 작은 꽃들만 보아왔던 터라 이렇게 큰 꽃이 달려있는 걸 보니 신세계에 와 있는 듯한 착각이 들었다.

멋진 꽃들을 보면서 즐기는 것도 잠시였다. 갑자기 꽃가루 알레르기가 걱정되었다. 사실 필자는 봄마다 꽃가루 알레르기로 3~4개월은 바깥 공기를 맘껏 마시지 못하는 처지이기 때문이다. 그러다 1년을 보낸 뒤 문득 '여긴 꽃가루 알레르기가 없는 천국이구나'는 깨달음이 왔다.

이렇게 1년 내내 밖에 공기를 맘껏 마시며 지낸 시간이 얼마 만인지 정말 낙원이 따로 없다는 생각이 들었다. 필자에게 있는 꽃가루 알레르기 인자는 자작나무(birch) 꽃가루였다. 케냐 나이로비에는 자작나무 꽃가루가 없는 모양이다. 반면 남아프리카공화국에서는 한국이나 유럽보다는 훨씬 덜하지만 그래도 봄철에는 약간의 꽃가루 알레르기 인자가 있는 느낌이다.

필자 경험상으로 케냐 나이로비의 날씨야말로 세계 최고라고 감히 말하고 싶다. 연중 기온이 15~25℃ 정도로 우리나라의 봄, 가을 날씨이다. 그리고 적도와 가까워 연중 해가 뜨고 지는 시각이 30분 정도밖에 차이나지 않는다. 동물의 왕국 마사이마라가 왜 케냐에 있는지 비로소 짐작이 간다. 우리가 알고 있기로는 아프리카 동물들이 매우 뜨거운 초원에서 살고 있다고 생각하지만 마사이마라의 기온은 건기인 6월~10월은 낮 기온이 25도에서 30도이며 밤이나 우기 때는 25도 이하로 떨어진다. 동물도 살기 좋은 환경에서 자리 잡고 사는 것이다.

1년에 100명 이상이 벼락 맞아 사망한다고?

남아프리카공화국에 살면서 한국이나 다른 국가와는 확연히 다르다고 느낀 자연현상 중 하나는 바로 천둥 번개이다. 비가 오는 날이면 거의 예외 없이 천둥 번개가 동반되는데, 한국에서는 경험하기 어려운 볼거리이다. 비가 양동이로 쏟아붓는 것처럼 무섭게 많이 오고 때로는 차체를 우그러뜨리는 커다란 우박도 쏟아진다. 한밤중에 천둥과 번개가 칠 때는 그 소리에 놀라 잠에서 깰 정도이다.

남아프리카공화국의 이런 기상 현상은 남아프리카공화국만이 갖는 지리적인 특징과 기상적인 요인의 조합에 의한 것이다. 우선 지리적 요인으로 고도를 꼽을 수 있다. 남아프리카공화국 내륙 대부분은 높은 고도에 있다. 요하네스버그는 평균 1,700m가 넘고 남아프리카공화국의 행정수도인 프리토리아도 1,300m가 넘는다. 이런 고도는 번개를 생성하기에 좋은 우뚝 솟은 적란운의 형성에 기여한다. 또한 산, 계곡, 해안 평야를 포함한 이 나라의 다양한 지형은 다양한 기상 패턴과 국지적 폭풍을 만들어내 번개 발생을 더욱 높인다. 기상 측면에서는 남아프리카공화국의 기후가 특히 여름철에 강렬한 대류 활동을 발생시킨다. 이로 인해 따뜻하고 습한 공기가 빠르게 위쪽으로 이동하여 뇌우와 번개를 유발한다. 또한 한랭 전선과 따뜻하고 습한 기단의 상호 작용으로 인해 뇌우와 번개가 발생한다. 남아프리카공화국의 특정 지역에서 흔히 볼 수 있는 먼지 폭풍 또한 뇌우 구름 내에서의 전기 활동을 강화하여 더 빈번하고 강렬한 번개를 유발한다. 이러한 이유로 남아프리카공화국은 번개가 많이 치는 나라가 되었다.

잦은 낙뢰 발생으로 인해 남아프리카공화국은 번개 감지 시스템의 필요성이 매우 절실하다. 특히 500여 개의 골프장이 있는 이 나라에서 천둥 번개가 칠 때 골프채를 휘두르는 행위는 극도로 위험하다. 다행히 대부분의 골프장은 훌륭한 번개 감지 시스템을 갖추고 있어, 번개가

골프장 낙뢰에 대한 공지

감지될 시에는 긴 사이렌을 울려 골퍼들에게 안전한 곳으로 대피하도록 안내한다. 위험 요소가 사라지면 다시 짧은 사이렌 소리 두 번으로 위험 해제를 알려 준다.

    그렇다면 남아프리아공화국에서는 과연 1년에 몇 명이 낙뢰로 사망할까? 해에 따라 다르긴 하지만 낙뢰로 인한 사망자는 연간 100~140명 사이로 추정된다.

    2000년에는 프리토리아 골프장에서 한 골퍼가 번개를 맞아 사망했고 2004년에는 같은 골프장에서 6세 소년이 번개로 치명상을 입고 아버지는 사망하는 안타까운 사고가 있었다. 또한 2019년에 우드메드

(Woodmead) 골프장에서는 요하네스버그의 사업가가 낙뢰로 사망하고 동반 플레이어 5명이 부상을 입기도 했다. 남아프리카공화국의 사망한 기린의 80%는 나뭇잎을 뜯어먹다가 낙뢰로 사망한다는 과장 섞인 여행 가이드의 말이 생각난다.

집은 북향이 짱이라고?

집은 북향이 좋다는 것은 꼭 아프리카에만 해당되는 말은 아니다. 남반구에 위치한 국가들에는 모두 해당되는 얘기일 것이다. 아프리카의 나라 중 절반은 남반구에 속하며 남반구와 북반구와의 가장 큰 차이점은 계절이 서로 반대라는 것이다. 예를 들어 아프리카 최남단에 위치한 남아프리카공화국에서는 한여름에 크리스마스를 맞이한다.

요하네스버그에 부임해서 집을 구하러 다닐 때다. 한국에서와 같이 남향이 좋겠거니 생각하고 있었다. 그런데 부동산 소개업자 하는 말은 북향이라서 좋은 집이라고 설명을 했다. 순간 '아차! 남반구는 북반구와 달리 북향집을 선호하는구나'라고 깨닫게 되었다. 태양 고도가 낮아 북쪽에서 햇볕이 더 잘 들어오기 때문이다. 남반구는 북반구에 비해 냉대 기후가 거의 없어 단열보다는 통풍에 중점을 둔 주택 구조를 볼 수 있다. 큰 창문과 베란다를 통해 자연 바람을 이용하여 실내 온도를 조절하는 것이 일반적이다. 그래서 난방시설이 없는 집도 많다. 한 겨울철인 7월에는 한기를 느낄 정도며 태양의 경로는 여름에 비해 더 낮다. 북향

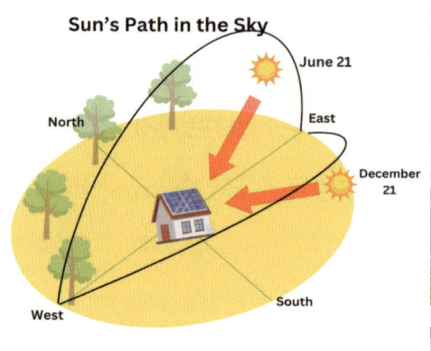 

아프리카 남반구의 태양 이동 경로   남아공의 북향 아파트 전경

주택은 직사광선을 더 많이 받아 자연의 온기를 제공받고 인공 난방에 대한 의존도를 줄일 수 있다. 또한 북향 창문은 하루종일 충분한 자연광이 집 안으로 들어오게 하여 밝은 분위기를 조성한다. 이렇게 하면 인공조명의 필요성이 줄어들어 에너지와 비용이 동시에 절약된다.

아르헨티나와 남아프리카공화국이 닮았다고?

KOTRA에서는 매년 12월 초에 다음 연도의 글로벌 시장진출을 위한 세계시장진출전략 설명회를 개최한다. 10개 지역별로 나뉘어 진행되는데 그 중 중남미가 지리적인 환경에서 아프리카와 매우 닮았다는 생각을 하곤 했다. 특히 아르헨티나와 남아프리카공화국은 형제와 같은 유사성을 발견할 수 있다. 공통적으로 쇠고기가 맛있고, 와인이 좋고, 거기다 펭귄까지 있다. 펭귄은 추운 남극 지역에서나 서식하는 동물이라고 알려져 있지만, 남아프리카공화국, 특히 케이프타운 근처의 볼더스비치(Boulders beach)에서 귀여운 펭귄을 만날 수 있다. 광물 또한 풍부하여 백금, 팔라듐, 금, 구리, 은 등은 양국이 공통적으로 보유하고 있는 것들이다.

　이는 지질학적 특징에서 설명할 수 있겠다. 판게아(Pangaea)는 아르헨티나와 남아프리카공화국의 닮은 점을 설명하는 데 매우 중요한 단서가 될 것이다. 이는 독일의 과학자 알프레트 베게너가 주창한 개념으로 약 3억 년 전 지구상의 모든 대륙이 하나로 결합되어 있던 초대륙을 가리킨다. 시간이 지나면서 여러 개의 작은 대륙으로 갈라졌고, 그 결과 오늘날 우리가 알고 있는 대륙의 형태가 되었다. 아르헨티나와 남아프리카공화국의 위치는 과거 판게아가 갈라지면서 서로 멀어졌다. 두 대륙의 해안선은 퍼즐 조각처럼 서로 맞아떨어지는 부분이 많으며 두 대륙에서 발견되는 암석과 화석이 매우 유사하다. 또한 판게아 시대에는 동식물이 자유롭게 이동하며 서식했기 때문에, 현재 두 대륙에서 발견되는 일부 동식물은 공통 조상을 가지고 있다고 한다. 결론적으로, 판게아는 아르헨티나와 남아프리카공화국이 왜 지질학적으로, 생물학적으로, 그리고 자원 분포 측면에서 유사한 특징을 가지고 있는지를 설명하는 중요한 열쇠이다.

판게아
출처: 위키미디아 커먼스 / ⓒ kieff

희망봉(喜望峰)은 봉이 아니라고?

우리에게 알려진 희망봉은 남아프리카공화국 남단에 있다. 앞서 말했듯이 영어로는 Cape of Good Hope이기 때문에 희망곶이라고 번역해야 맞다. 희망의 한자도 바랄 희(希)가 아니라 기쁠 희(喜) 자를 쓴다.

남아프리카공화국에서 근무하면서 제일 먼저 가보고 싶었던 곳이 희망봉, 즉 희망곶이었다. 우리 한국인에게 너무나 잘 알려진 관광지이기도 하지만 필자에게는 특별한 인연이 있는 곳이기도 하다. KOTRA 입사한지 얼마 안 되었을 때, 회사 선배가 남아프리카공화국 출장을 다녀오면서 희망봉의 돌 하나를 가져다줬다. 그때 당시만 해도 나와는 별 상관없는 아프리카 어느 먼 곳의 돌인가보다 하고 생각했다. 어쨌든 희망봉의 돌이라고 해서 희망을 안겨 줄 것으로 믿고 간직하고 있었다. 그런데 그 돌의 기운 덕인지 운 좋게도 남아프리카공화국이 필자의 마지막 해외 근무지가 되었다. 실제로 가보니 상상했던 모습의 희망봉이 아니었다. 봉우리를 뜻하는 봉(峰)이라서 언덕위에 뭔가가 있겠거니 생각했다. 그러나 해안가에 팻말이 있었고 팻말에는 희망 곶(Cape of Good Hope)의 문구와 아프리카 대륙의 가장 남서쪽 지점(The most south-western point of the african continent)이라는 문구가 위도 및 경도 표시와 함께 있었다. 그 선배가 희망봉에 대한 구체적인 설명을 빠뜨려 여태까지 제멋대로 상상의 나래를 펼쳤던 것이다.

실제로 가보면 희망 곶보다는 폭풍의 곶이 더 맞겠다는 생각이 든다. 차가운 대서양과 따뜻한 인도양이 만나는 곳으로 파도가 매우 거센 지역이기 때문이다. 이렇게 바르톨로뮤 디아스가 '폭풍의 곶'으로 명명했던 이유를 확인할 수 있었다. 또한 흔히들 아는 대로 아프리카 대륙의 최남단은 아니다. 최남단은 희망 곶에서 남동쪽으로 더 내려가 있는 아굴라스 곶(Cape Agulhas)이다. 사람이 살지 않는 섬까지 포함하면 프린스 에드워드(Prince Edward) 제도에 속해 있는 마리온(Marion) 섬이 진짜 최남단

남아공 케이프타운 희망봉 표지판

이다.

또 다른 남아프리카공화국의 관광지로 테이블 마운틴(Table Mountain)을 꼽을 수 있다. 이름 그대로 산 정상이 테이블처럼 평평하여 붙여진 이름이다. 해발 1,086m로 산 정상의 평평한 고원은 좌우 약 3km에 이른다. 등산도 가능하지만, 케이블카를 타고 올라가면서 케이프타운 시를 한 눈에 내려다볼 수 있다. 2011년 11월에 실시된 투표에서 '공식 7대 신세계자연경관(Official New 7 Wonder of Nature)*으로 선정되었다. 산

---

* 국제사설단체인 뉴세븐원더스 재단 명의로 재단 설립자인 버나드 웨버 소유의 사기업인 뉴오픈월드코퍼레이션이 주관한 상업성 캠페인으로, 인터넷과 전화 투표를 통해 2011년 11월 11일에 최종 7곳이 선정되었다.

Official New 7 Wonder of Nature

정상에 올라가기 위해 케이블카를 기다리고 있노라면 벽에 붙은 표지판이 눈에 띈다. 무심코 보다가 갑자기 제주도가 눈에 들어왔다. 아니 우리 제주도가 세계 7대 신세계자연경관에 포함되어 있었다니! 그 사실을 남의 나라 관광지에 와서 알게 되다니 미안함과 우쭐한 마음이 동시에 들었다. 나머지 5곳은 아마존 우림, 하롱베이, 이구아수 폭포, 코모도 국립공원, 푸에르토 프린세사 지하강이다.

아프리카의 문화(culture)

아프리카 문화를 정의한다고?

학자가 생각하는 아프리카 문화는 어떤 것일까? 헤르트 홉스테드(Geert Hofstede)는 네덜란드의 사회 과학자이자 방법론자로 문화 간 그룹과 조직에 대한 연구로 잘 알려져 있다. 그의 아들인 헤르트 얀 홉스테드(Gert Jan Hofstede)와 미카엘 민코프(Michael Minkov)와 함께 3인이 공저한 『세계의 문화와 조직』*에서 아프리카 문화는 다음과 같이 정의된다.

권력 거리(power distance)는 아프리카 전역에서 다를 수 있지만 다른

---

* Hofstede, G., Hofstede, G. J.,&Minkov, M., *Cultures and Organizations: Software of the Mind* (New York : McGraw-Hill, 2010).

지역보다 더 높은 권력 거리를 보이고 있다. 이는 한 국가의 제도나 조직의 힘없는 구성원들이 권력의 불평등한 분포를 기대하고 수용하는 정도이다. 권력 거리가 큰 사회에서 어린이는 자기 부모에게 복종할 것을 요구받는다. 아프리카는 다른 곳보다 더 계층적인 사회 구조와 권위에 대한 존경심이 있다고 볼 수 있다. 큰 권력거리를 가진 국가는 작은 권력 거리를 가진 국가보다 더 가난하고, 중류층이 적다고 한다.

많은 아프리카 사회는 개인주의(individualism)보다는 집단주의(collectivism) 경향이 있다. 개인의 성취보다 집단의 조화와 상호 의존성을 강조한다. 집단주의 사회에서는 가족에 대한 의무가 재정적인 것뿐이 아니라 의식에까지도 영향을 미친다. 결혼식, 장례식과 같은 의식은 대단히 중요해서 빠져서는 안 되는 행사들이다. '우리가 남이가?'라는 우분투(Ubuntu) 정신과 결혼지참금 문화가 이와 연결된다고 볼 수 있다. 또 재밌는 연구로 개인주의 문화권 사람들은 보다 빨리 걷는 경향이 있다고 한다. 아프리카 사람들보다는 한국 사람들이 확실히 빨리 걷는 것 같다.

장기지향(long term orientation) 문화와 단기지향(short term orientation) 문화의 구도로 볼 때, 저자는 명확히 아프리카를 단기지향 사회로 정의하고 있다. 단기지향 사회는 전통을 중요시하며 가족에 대한 긍지가 높다. 또한 성공과 실패를 운으로 보고 지혜를 지식보다 더 중요시한다. 남아프리카공화국에 근무할 때 회사에서 채용했던 한 기사(앞서 언급한 미혼의 기사보다 먼저 채용했던 기사이다.)는 근무에 대한 높은 만족도를 보였다. 하지만 어느 날 그 기사가 직원 물건에 손을 댄 정황이 발견됐다. 확실한 물증은 없어 별도의 행정조치는 못하고 넌지시 직원 간의 신뢰성과 직장의 중요성에 대해 이야기했다. 그러나 얼마 안 있어 회사 공용차의 기름을 빼가는 정황이 드러났다. 관련된 주유소 cctv와 사무실 주차장 cctv를 통해 이번에는 확실한 물증을 확보했다. 코앞의 이익을 취하고자 만족스런 평생직장을 내팽개친 것이다. 인내와 미래의 보상을 강조하는 장기적 지향성이 일부 아프리카 문화권에서 나타날 수 있겠지만 많은 아프리카 국가에서는 단기적 목표와 즉각적 보상에 더 집중하는 듯하다. 아프리카에서 우리의 부산엑스포 유치활동이 성공적이지 못했던 이유 중 하나가 아닐까 싶다.

미국의 인류학자 에드워드 홀(Edward T. Hall, 1914-2009)은 문화를 의사소통 방식에 따라 고 맥락(high context)과 저 맥락(low context) 차원으로 구분했다. 고 맥락 의사소통은 대부분의 정보가 물리적 환경 속이나 그 사람 안에 이미 들어있기 때문에 겉으로 드러내어 이야기할 것이 별로 없는 의사소통을 말한다. 이런 유형의 의사소통은 집단주의 문화에서 흔히 볼 수 있다. 굳이 말을 안 해도 알 수 있다는 의미이다. 저 맥락 의사소통은 자명하다고 여겨지는 많은 것을 명시적으로 이야기해야 한다. 아프리카는 사회 구성원 간의 긴밀한 관계와 조화를 중시하는 문화, 공동체 의식이 강한 고맥락 문화로 그 점에서는 우리와 비슷하다.

아프리카에는 어떤 종교가 있을까?

아프리카는 다양한 종교가 공존하는 대륙이다. 수천 년 동안 다양한 문화와 민족이 아프리카 대륙에 거주하며 독특한 종교적 관습과 신앙 체계를 발전시켜 왔다. 자연 숭배, 조상 숭배, 정령 숭배, 무속 신앙 등 여러 전통 아프리카 종교가 있으며 여기에 아랍 상인들에 의해 아프리카 북부와 서부 지역에 전파된 이슬람이 있다. 이슬람의 가르침은 아프리카 대륙 북쪽으로 갈수록 순수한 형태를 유지하고, 남으로 갈수록 전통 아프리카 신앙과 강하게 혼합되었다. 사하라 지역을 지나는 무역로를 이용하는 상인들은 거의 모두가 이슬람교도가 되었다. 더불어 기독교가 유럽 식민지 시대에 전파되어 현재 아프리카 남부와 중부 지역에서 많은 신자를 확보하고 있다. 이들 지역에는 가톨릭, 개신교, 성공회 등 다양한 교파가 존재한다.

아프리카 토착민이 생각하는 세계 창조자는 누구일까? 유대교나 기독교나 이슬람교의 신과는 달리 특정한 장소에서 찾아볼 수 없다. 최고의 존재는 여러 가지 이름을 갖지만, 흔히 하늘 자체이거나 하늘에서 살며 인간과는 특별히 가까운 관계를 갖지 않는다고 한다. 유익하거나 파괴적인 자연의 힘들은 이 창조자가 선할 수도 있고 악할 수도 있음을 보여준다. 한 인간이 죽으면 그의 존재가 끝나는 것이 아니라 다른 장소로 가며, 최고의 존재와 지상에 살아 있는 사람 사이를 연결해 준다고 한다.

세계의 창조자와는 달리 조상은 후손에 대해 계속 책임감을 느끼기 때문에 살아 있는 사람은 조상과의 관계를 상실해서는 안 된다. 공동체가 잘 되어야만 개인이 살아남을 수 있고, 또한 의미 있게 살 수가 있다. 남아프리카공화국의 '우분투' 이념은, 개인은 자신의 개인적인 소망을 공동체의 안녕보다 아래에 두어야 함을 말하는 것이다. 조상도 공동체에 속한다. 조상이 기분이 상하거나 모욕감을 느끼면 여러 가지 제물을 바쳐서 그들을 달래야 한다.

아프리카에서 주술사는 매우 중요한 위치를 차지한다. 주술사는 전통적인 치료사로 오랜 기간에 걸쳐 진단과 치료하는 방법 등을 배운다. 또한 종교 지도자의 역할을 하며 부족 공동체의 중심적인 역할을 수행한다. 부족민들을 대신하여 신에게 기도하고, 제사를 지내며, 미래를 예측하고, 질병이나 불행의 원인을 파악하여 해결책을 제시한다. 또한 결혼식, 장례식 등 중요한 의식을 주관하고, 악령을 쫓아내는 의식을 행한다. 부족 내의 갈등이나 분쟁을 조정하고 해결하며 상처와 질병을 치료한다. 일부 부족에서는 주술사가 정치적인 권력을 가지고 부족을 이끌기도 한다. 현대 사회에서는 주술사를 미신과 마법을 믿는 사람으로 오해하는 경우가 많다. 하지만 아프리카의 주술사는 단순히 미신을 믿는 것이 아니라, 자연과 신성에 대한 깊은 이해를 바탕으로 공동체를 이끌어가는 지도자이다.

일요일에 차를 운전하면서 교외로 나가다 보면 길가 공터에 하얀 옷을 입은 사람들이 무리지어 있는 모습을 종종 보게 된다. '저 사람들이 뭔가 의식을 행하고 있는 거 같은데, 대체 뭘까' 하며 호기심이 생겼

들녘에서 예배보는 시온주의 교도들

다. 주변의 얘기를 들어보니 아프리카의 시온주의 교도들이었다. 아프리카 시온주의는 남아프리카공화국에서 기독교와 아프리카 전통을 결합하여 뿌리내린 종교 운동이다. 남부 아프리카에 약 400만 명이 있다고 한다. 교회와 같은 별도의 건물이

Zion Christian Church의 상징

필요치 않고 물가에서 진행되는 야외의식을 거행한다. 흰옷은 악령으로부터 자신을 보호하며 세속적 타락과의 분리를 상징한다고 한다.

아프리카의 문화(culture)   191

사후 3개월 뒤에 장례식이 열려?

2024년 6월 한·아프리카 정상회의의 부대행사로 KOTRA 주관의 한·아프리카 비즈니스 파트너십 행사가 개최됐다. 그때 가나 발주처에서 참석한 한 인사가 행사 당일 호텔 룸에서 주검으로 발견된 사건이 있었다. 사인은 '병인사 추정'으로 결론났지만 정황상 말라리아 감염으로 인한 사망이었다. 이에 고인에 대한 장례절차를 협의하는 과정에서 시신을 훼손하지 않고 그대로 본국으로 송환해 달라는 가족들의 의사가 전해졌다. 이는 화장이 일반화되지 않은 아프리카 장례 문화를 반영한다. 이후 가나 아크라무역관장을 통해 장례식이 거의 3개월 뒤에 거행되어 참석하고 왔다는 소식을 들었다. 아프리카의 장례식은 일반적으로 우리와 비슷하게 사후 3일, 5일, 7일에 거행되지만 지위가 있고 유명인사일수록 장례 날짜는 늦춰진다고 한다.

가나의 장례식은 아프리카 안에서도 매우 독특한 편이다. 장례식이 개최되는 시기는 가족들의 협의를 통해 사후 2개월 내지 3개월이 일반적이다. 그동안 시체는 병원 또는 시체 안치시설에 보관된다고 한다. 한국에서 그렇게 하면 비용이 적지 않을듯한데 가나는 정부에서 안치실을 운영한다. 정부에서 운영하는 안치실의 최소 비용은 하루에 약 4달러이다. 장례식 때 입는 복장 또한 독특하다. 우리나라에서는 상을 당한 사람의 경우 장례 이후에도 어느 기간 동안 정숙한 분위기로 입어야 하며 붉은색 계통의 옷은 금기시된다. 하지만 가나의 장례식 방문객 의상은 까만색과 빨간색이 주를 이룬다. 그리고 망자가 사회적으로 높은 위치에 있

가나의 다양한 장례식 복장

으며, 향년이 80세 이상일 경우 흰색이 들어간 의상을 입기도 한다.

　우리나라에서는 매장할 땅이 갈수록 제한됨에 따라 대안으로 화장(火葬)이 일반화되고 있다. 하지만 아프리카에서 화장은 일반화되지 않은 장례 의식이다. 사하라 이남에서 가장 경제가 발달한 남아프리카공화국조차도 전체 장례 중에서 화장이 차지하는 비율은 3%(2004년 기준)에 불과하다. 다시 말해 아프리카에서는 아직도 여전히 매장 문화가 보편적이다. 그러나 매장 방식과 장례 의식은 지역마다 고유한 전통에 깊이 뿌리내려 그 양태가 매우 다양하다.

코트디부아르 세누포(Senufo)의 연로자 매장

코트디부아르의 세누포 사람들은 고인을 집 바닥 아래에 묻는 매장 의식을 실행한다. 이 의식은 조상이 살아있는 사람을 보호한다는 믿음에 뿌리를 두고 있으며, 고인을 집에 매장함으로써 조상은 후손을 계속 인도하고 보호할 수 있다고 한다.

케냐 마사이(Masai)족의 뿔 불기 의식

케냐의 마사이족은 장례식 때 뿔 불기 의식으로 유명하다. 고인의 영혼을 불러들이기 위해 소뿔을 부는 것이다. 소는 마사이족에게 매우 중요한 가축이며 단순한 가축을 넘어 부와 권력의 상징이며, 생명력과 풍요를 상징하기도 한다. 소뿔 소리는 부족원을 하나로 묶고 공동체의 화합을 도모하는 역할을 한다.

남수단 딩카족의 애도 의식

남수단의 딩카족은 애도자들이 고인의 시신 주위에서 울고, 노래하고, 춤을 추는 의식을 포함하는 독특한 장례 의식을 치른다. 이 의식은 고인의 영혼이 내세로 옮겨가는 데 도움이 되고 살아있는 사람들에게 위안을 가져다준다고 한다.

앙골라 초크웨(Chokwe)족의 붉은 관

앙골라의 초크웨족은 붉은 관을 사용하는 독특한 장례 의식을 행한다. 관은 레드우드로 만들어지며 고인의 피를 상징한다고 믿어진다. 붉은 관이 고인을 내세에서 보호할 것이라고 한다.

이렇듯 아프리카의 장례 의식은 대륙의 문화적 다양성과 전통의 중요성과 함께 죽음과 내세에 대해 가지고 있는 복잡한 믿음과 관습을 보여준다. 집 바닥 아래에 고인을 매장하는 것부터 소뿔을 불어대는 것, 붉은 관을 사용하는 것까지 이러한 의식은 아프리카 사람들의 풍부한 문화유산을 보여준다. 비록 장례문화는 서로 다르지만, 고인에 대한 존경심과 그들의 기억을 기리고자 하는 마음은 공통적이다.

여성할례가 아직도?

여성할례(Female Genital Mutilation, FGM)는 비(非) 의료적인 이유로 여성의 외부 생식기의 부분 혹은 전체를 의도적으로 제거하는 행위를 말한다. 이는 주로 유아기부터 15세 사이의 어린 여자아이에게 자행된다. 유엔아동기금(UNICEF)과 세계보건기구(WHO)에 따르면, 전 세계에서 FGM을 겪은 소녀와 여성의 수는 2억 3천만 명이 넘으며, 이 중 아프리카 지역 여성은 1억 4천만 명 이상으로 가장 큰 비중을 차지하고 있다.

국제사회는 건강·안전·신체적 완전성에 대한 권리, 생명에 대한 권리 측면에서 FGM을 소녀나 성인 여성의 인권 침해 문제로 분명히 규정하고 있다. WHO는 의료인의 할례 시행 또한 강력히 금지하도록 권

고하고 있다. 유엔 역시 2012년 총회에서 FGM을 인권침해로 규정하는 결의안을 채택하고, 매년 2월 6일을 '세계 여성 할례 금지의 날'로 지정하여 이를 근절하기 위한 지속적인 노력을 하고 있다.

　FGM의 시작은 명확하지 않지만, 기독교와 이슬람교의 부흥 시기 이전부터 이미 존재해온 것으로 알려져 있다. 또한, 특정 지역이나 민족, 종교에 국한되지 않고 여러 지역과 세대에 걸쳐 전해져 온 관습이다. FGM이 시행되는 원인은 일반적으로 사회적·문화적 의례의 일부로서 여성이 성인으로서 성숙해지는 의례의 과정이거나 결혼의 필수 조건으로 여겨지기도 한다. 감비아의 경우, FGM을 받지 않은 여자가 지역사회로부터 모욕을 당하거나 결혼을 할 수 없도록 하는 분위기가 팽배해 있다. 종교적 관습으로 때때로 교리가 FGM을 정당화하는 데 사용되기도 한다. 일부 이슬람교 지도자들은 FGM을 '종교적 의무와 미덕이며 중요한 문화'라고 주장한다. 하지만 이슬람 경전인 코란에도 이에 대한 언급은 없으며 이슬람교 내에서도 의견이 엇갈린다. 이외에도 여성의 성적 욕망을 통제하기 위한 목적이나 위생 및 미용 목적의 FGM도 이루어지고 있다.

　세계은행(World Bank)의 2021년 보고서에 따르면, 여성생식기 절단과 관련한 관행을 금지하고 있거나 혹은 이를 위반할 시에 형법, 아동보호법, 여성에 대한 폭력법과 같은 법률을 통해 기소할 수 있는 아프리카 국가는 36개국이다. 하지만 유엔인구기금(UNFPA)에 따르면 지금까지 아프리카의 많은 국가에서 FGM이 행해져 왔다. 특히 감비아의 경우는

75% 이상의 여성이 FGM을 겪은 것으로 보고되고 있다.

　　UNFPA와 UNICEF의 2022년 공동보고서에 따르면 많은 아프리카 국가가 FGM 종식을 위한 국가 차원의 액션플랜을 갖고 있다. 실제로 이집트, 케냐, 모리타니아 3개 국가에서는 연령대별 FGM 수치가 6~7% 이상 감소했음을 확인할 수 있다. 반면 FGM 지지자들은 FGM이 문화적·종교적인 관행이며, 잘못된 서구의 개입과 영향이 아프리카의 전통과 관습을 훼손시킨다고 주장한다.

　　필자가 케냐에 근무할 때 공식적으로 금지된 여성할례가 일부 지역에서는 여전히 이뤄지고 있고 그로 인해 사망 사건이 발생하고 있음을 알리는 신문 기사를 종종 보았다.

들어는 보았나, 피그카소?

아프리카는 다양한 문화와 역사를 지닌 대륙으로, 각 나라마다 독특한 예술적 표현 방식을 가지고 있다. 오랜 역사와 전통 속에서 발전해 온 아프리카 예술은 전 세계적으로 주목받고 있으며, 현대 미술 시장에서도 높은 인기를 누리고 있다. 생활 속에서도 아프리카인들의 남다른 미적 감각을 볼 수 있다. 화장실 남녀 구분 표지판에 여자화장실은 힐 있는 구두로, 남자화장실은 남자구두로 표시를 해 놓았다. 또 다른 곳은 남성과 여성을 세련된 이미지로 표현했다.

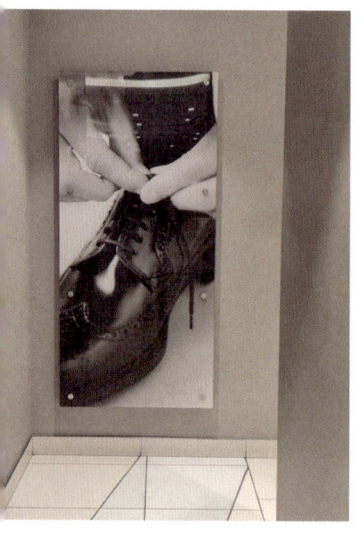  

◀ 남자화장실 표시 ▲ 여자화장실 표시 ▶ 화장실의 또 다른 남녀 구분 표시

    2억 명이 넘는 아프리카 최대의 인구를 가진 나이지리아는 활발한 예술 활동이 이루어지는 곳으로 잘 알려져 있다. 특히 놀리우드는 아프리카 최대의 영화 산업으로 할리우드에 버금가는 규모를 자랑한다. 또한, 조각과 회화 분야에서도 뛰어난 작품들이 쏟아지고 있다.

놀리우드(NOLLYWOOD)

    영화제작 관련 미국에 할리우드(Hollywood), 인도에 발리우드(Bollywood)가 있다면 아프리카에는 놀리우드(Nollywood)가 있다. 이는 '나이지리아'와 '할리우드'의 합성어이다. 1990년대 초 나이지리아는 경제적 어려움을 겪으면서 대중문화에 대한 수요가 급증했다. 이에 비디오테이프와 저예산 장비를 활용하여 영화를 제작하는 현상이 확산되었고 이것이 놀리우드의 시작이었다. 제작편수는 인도에 이어 세계 2위의 규모를 과시하고 있다. 나이지리아의 거대한 인구는 놀리우드의 성장에 큰 원동력이 되고 있다. 놀리우드는 아프리카 문화를 세계에 알리고 나이지리아 경제 발전에 기여하는 데에 중요한 역할을 하고 있다.

피그카소(PIGCASSO)

아프리카에서 현대 미술이 유명한 곳으로는 남아프리카공화국을 꼽을 수 있다. 남아프리카공화국에서의 예술은 아파르트헤이트 종식 이후 다양한 인종과 문화의 조화를 이루면서 발전해 왔다. 특히 현대 미술이 활발하며, 세계적인 미술 시장에서도 주목받는 작가들이 많이 배출되었다. 남아프리카공화국의 현대 미술은 단순한 미적 표현을 넘어 격동적인 역사와 사회 변화를 반영하는 중요한 문화적 담론의 한 축을 담당한다. 아파르트헤이트라는 인종차별 정책의 상처와 이를 극복하고 새로운 미래를 향해 나아가는 과정이 예술 작품 속에 생생하게 드러나 있다. 현대 미술을 대표하는 유명한 작가로는 윌리엄 켄트리지 (William Kentridge), 케네디 돈코어 (Kennedy Donkor), 마를렌 뒤마 (Marlene Dumas) 등을 꼽을 수 있다.

이외 매스컴에 많이 보도된 남아프리카공화국 돼지화가 피그카소(Pigcasso) 또한 화제이다. 남아프리카공화국 동물 운동가인 레프슨

(Lefson)은 2016년 5월에 생후 4주가 된 피그카소와 그 자매를 도축장에서 구해냈고 이후 피그카소는 농장보호소에서 살게 되었다. 레프슨은 돼지가 페인트 붓을 제외한 자신의 마구간에 있는 모든 것을 다 먹어치우고 파괴하는 것을 보았다. 그녀는 돼지에게 페인트 붓을 입에 물고 있도록 훈련하고, 돼지 앞에 놓인 이젤에 놓인 종이에 페인트칠을 하도록 했다. 돼지는 붓을 다양한 색상에 담가 2016년 10월부터 다채로운 추상화를 그리기 시작했고, 이후 레프슨은 이를 보호소 기금을 모으기 위해 판매했다.

피그카소의 각 작품은 붓 대신 코에 잉크를 묻혀 캔버스에 찍는 방식으로 완성되었다. 피그카소와 레프슨은 2018년 케이프타운에서 열린 OINK라는 미술 전시회를 함께 개최하였는데 이는 인간과 비인간의 최초의 협업 행사였다. 이후 피그카소의 작품은 네덜란드(2021년), 독일(2022년), 영국(2023년), 중국(2023/24년)에서 열린 미술전시회에 전시되었다. 피그카소의 작품은 추상 표현주의로 묘사되었으며 전 세계 수집가들에게 수백만 랜드에 판매되었다. 그 중 하나는 세계적인 시계 제조업체 스와치의 2019년 한정판 Flying Pig 시계에 사용된 바 있다. 피그카소는 2024년 3월, 8살의 나이로 세상을 떠났는데 그동안 100만 달러 이상의 그림 매출액을 내면서 '세계 역사상 가장 성공적인 비인간 예술가'로 찬사를 받은 재능 넘치는 돼지가 되었다.

작품에 서명하러 가는 피그카소
출처: 위키피디아 / ⓒ Joanne Lefson

아웃 오브 아프리카(OUT OF AFRICA)

케냐를 배경으로 한 유명한 영화가 있다. 바로 『Out of Africa』이다. 1986년 아카데미 시상식에서 작품상, 감독상, 촬영상 등 7개 부문을 수상하며 그 작품성을 인정받았다. 『Out of Africa』는 덴마크 작가 카렌 블릭센(Karen Blixen)의 자전적 소설을 바탕으로 만들어졌다. 20세기 초, 덴마크 귀족 출신의 카렌 블릭센은 아프리카 케냐에서 커피 농장을 운영하며 새로운 삶을 시작한다. 카렌 블릭센은 아프리카에서 자신의 삶을 개척해 나가는 강인한 여인이다. 그녀의 삶을 통해 꿈과 현실, 사랑과 이별, 그리고 자연과 인간의 관계에 대한 많은 생각을 하게 된다.

케냐에 근무할 때 카렌 하우스를 방문한 적이 있다. 카렌 블릭센이 1914년부터 1931년까지 실제로 살았고 원작 소설의 배경이 되는 커피농장이다. 현재는 카렌 블릭센 박물관으로 운영되고 있다. 박물관을 둘러보다 보면 당시 커피농장에서 쓰였던 커피 그라인딩 및 로스팅 기계를 볼 수 있었다. 그 기계를 마주하니 소설과 영화의 배경인 커피 농장에 와 있다는 실감이 났다.

영화 '아웃 오브 아프리카'

카렌 블릭센 박물관

키텡게(KITENGE)

동아프리카를 중심으로 널리 사용되는 전통 직물로 키텡게(Kitenge)가 있다. 밝고 화려한 색상과 기하학적인 무늬가 특징이며, 문화적 상징성도 지니고 있다. 자연, 동물, 기하학적 무늬 등 화려한 패턴과 생생하고 강렬한 색상으로 유명하다. 의류, 스카프, 커튼, 테이블보 등 다양한 용도로 사용될 수 있으며, 대부분 면으로 만들어져 통기성이 좋고 착용감이 편안하다. 케냐의 마사이족은 붉은색 키텡게를 즐겨 입으며, 탄자니아의 하자족은 흰색과 검은색의 조화로운 무늬를 선호한다.

앞치마의 키텡게

마사이족 키텡게

하자족 키텡게

◀ ▲ 타조 알 공예품 ▶ 타조 알 조명기구

타조 알 공예

남아프리카공화국을 중심으로 한 타조 알 공예도 유명하다. 타조 알은 크기가 크고 껍질이 단단하며 아름다운 무늬를 가지고 있어 예술가들에게 인기 있는 소재이다. 타조 알을 이용하여 조각품, 보석함, 컵, 화병 등 다양한 종류의 공예품을 만들 수 있다. 대부분의 타조 알 공예품은 수작업으로 만들어져서 희소성과 가치가 높다.

아프리카 조각

후기 입체파를 대표하는 화가들은 대부분 유럽 국가 출신 화가들로 알려졌지만 사실 그들을 탄생시킨 것은 아프리카의 조각이다. 후기 입체파는 20세기 초 기존의 사실적인 표현 방식에서 벗어나 기하학적인 형태와 다양한 시점을 활용하여 새로운 미술 세계를 개척한 예술 운동이다. 파블로 피카소(Pablo Picasso), 조르주 브라크(Georges Braque) 등이 대표격 인물들이다. 인체를 기하학적인 형태로 단순화하여 표현하는 아프리카 조각의 특징과 한 개체를 다양한 각도에서 동시에 보여주는 다각도의 시점을 차용하여 사물을 다양한 평면으로 분해하고 재구성하였다. 아프리카 조각은 표면에 다양한 무늬와 조각을 새겨 넣어 장식적인 효과를 내는 경우가 많았는데 이러한 장식성을 받아들여 평면적인 화면에 다양한 질감과 색채를 사용하여 입체적인 효과를 내고자 했다. 콩고 지역의 조각은 기하학적인 형태와 강렬한 표현력으로 유명한데 특히 마스크와 조각상이 후기 입체파 작가들에게 강한 인상을 준 것으로 알려져 있다.

다양한 모양의 아프리카 가면들

아프리카 남녀 조각상

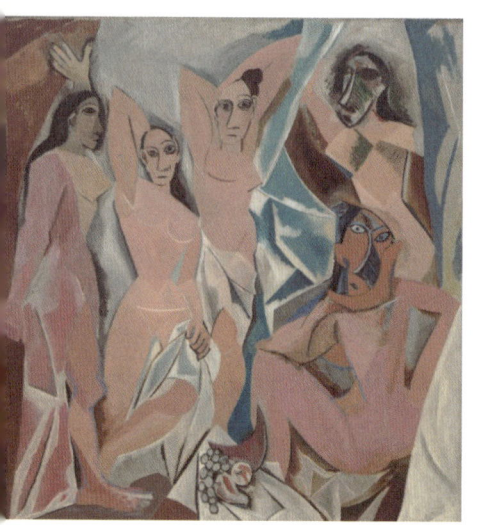

파블로 피카소의 '아비뇽의 처녀들'
출처: https://www.khan.co.kr/article/202001171613005

조르주 브라크의 'Still Life'
출처: 위키미디아 커먼스

    그 외에도 케냐는 마사이족의 화려한 의상과 장신구, 그리고 기린 등 독특한 자연 환경을 소재로 한 예술 작품으로 유명하다. 또한, 회화와 공예 분야에서도 뛰어난 작품들이 많이 나오고 있다. 말리는 투아레그(Tuareg)*족의 독특한 문화와 함께 음악과 춤이 발달한 나라이며 특히 기타와 드럼을 이용한 연주가 말리 음악의 주요한 특징이다. 에티오피아는 오랜 역사와 함께 독특한 문화를 가진 나라로 종교 그림과 수공예가 발달하였으며, 커피 문화와 관련된 예술 작품도 많이 볼 수 있다.

* 폭스바겐의 SUV '투아렉'은 이 부족 명에서 따왔으며, 강인함과 모험정신을 상징한다고 한다.

아프리카에는 어떤 스포츠가 인기 있을까?

아프리카의 스포츠로 무엇보다 축구를 꼽을 수 있다. 또한 럭비, 육상, 농구 등도 인기 스포츠로 들 수 있겠다. 우선 아프리카 축구는 빠르고 역동적인 플레이로 유명하다. 아프리카 대부분의 국가에서 축구는 인기 있는 스포츠이지만 특히 알제리 사람들의 축구에 대한 열광을 필자는 잊을 수 없다. 이는 축구에 대한 팬들의 열정에 더해 세계적으로 유명한 알제리 출신의 축구 선수가 많기 때문일 것이다. 가장 먼저 떠오르는 인물은 프랑스 축구선수 지단(Zidane)이다. 지단은 아버지가 알제리 사람이다. 킬리안 음바페(Kylian Mbappe) 역시 어머니가 알제리 출신이라 알제리 피가 흐른다. 그 외에도 카림 벤제마(Karim Benzema), 사미르 나스리(Samir Nasri), 나빌 페키르(Nabil Fekir) 등 알제리 출신의 유명 축구선수들이 많다.

　　이런 축구에 대한 열광은 종종 불상사를 불러오기도 한다. 특히 이집트에서 사건 사고들이 많았는데 2012년 축구경기장 난동으로 74명이 숨지고 수백 명이 다치는 사고가 발생했다. 당시 난동을 부린 11명에게는 사형선고가 내려진 바 있다. 또한 2015년 이집트에서는 프로축구 경기를 보려는 관중들이 갑자기 몰리는 바람에 압사사고가 벌어져 최소 30명이 숨졌다.

　　2014년 월드컵 때 16강을 앞두고 우리나라는 알제리와 경기를 했다. 당시 알제리에 있던 한국 기업들은 경기 이후 불상사가 일어날 수 있다는 것을 알았기에 미리 대비해야 했다. 특히 우리나라가 알제리를 이길 경우 한국기업에 더 험한 일이 일어날 수 있음을 우려하고 있었다. 다행이라는 표현이 이럴 때에 썩 적합한 말은 아니겠지만, 우리나라가 4대 2로 져서 경기 이후 큰 불상사는 없었던 것으로 기억하고 있다. 이처럼 아프리카에서 축구라고 하는 것은 거의 전쟁에 가까울 정도로 열광적인 스포츠이다.

또 다른 스포츠로 럭비를 들 수 있는데 아프리카는 축구만큼이나 럭비를 사랑한다. 특히 남아프리카공화국은 럭비 종주국 중 하나로, 럭비 월드컵에서 우승 경험이 있다. 케냐, 우간다 등 동아프리카 국가들에서도 럭비가 활성화되어 있다. 스프링복스(Springboks)*라는 애칭으로 불리는 남아프리카공화국 대표 팀은 럭비를 국가의 상징이자 자존심으로 여긴다. 백인이 지배하던 아파르트헤이트 시대에는 럭비가 백인들의 스포츠로 인식되어 흑인 선수들의 참여가 제한되었다. 하지만 넬슨 만델라 대통령을 중심으로 인종차별 정책이 철폐되면서 럭비는 남아프리카공화국 국민을 하나로 묶는 매개체가 되었다. 아파르트헤이트 시대를 극복하고 인종 화합을 이루는 과정에서 럭비는 큰 역할을 했는데, 이러한 역사적 배경을 담은 영화로는 '인빅터스(Invictus)'가 있다. 남아프리카공화국에서 럭비는 단순한 스포츠를 넘어 남아프리카공화국의 역사와 문화를 대변하는 중요한 상징이다. 럭비 경기가 있는 날이면 많은 사

---

* 스프링 복(springbok)은 아프리카에 서식하는 영양의 일종으로, 이 이름은 점프를 잘해서 붙여진 것이다.

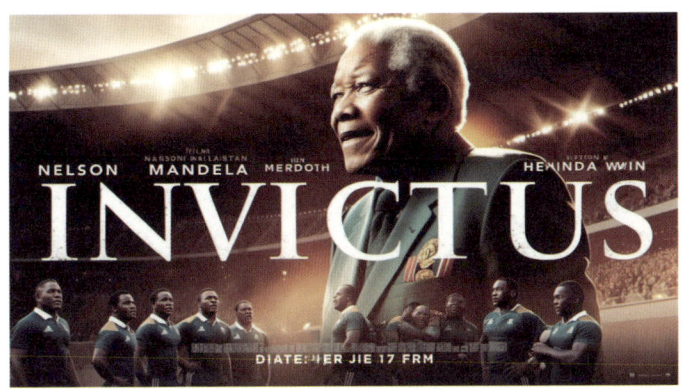

영화 '우리가 꿈꾸는 기적: 인빅터스'

럭비클럽 플래카드

럭비 응원하는 남아공 관중들

람이 스프링복스 유니폼을 입고 대형 스크린 앞에 모여 응원하는 모습을 흔하게 볼 수 있다. 마치 우리가 월드컵 때 빨간 옷을 입고 한데 모여서 하나 되어 응원하는 모습과 흡사하다. 남아프리카공화국 현지에서 체감하기로는 축구보다 럭비가 일반 대중에게 더 인기 있는 스포츠인 듯하다.

아프리카 선수들이 세계적인 기록을 세우는 또 다른 스포츠 종목이 있는데 그건 바로 육상이다. 뛰어난 체력과 유전적 특성을 바탕으로 단거리, 장거리, 높이뛰기 등 다양한 육상 종목에서 아프리카인들이 세계적인 기록을 세우고 있다. 아프리카 국가들은 육상 종목의 전통적인 강호이다. 2024년 파리올림픽에서도 케냐, 에티오피아, 보츠와나 등 아프리카 선수들이 하루 만에 무려 총 11개의 메달을 획득했다. 아프리카 선수들이 육상, 특히 달리기 종목에서 매우 좋은 성적을 거두는 데는 여러 이유가 제시된다. 유전적, 신체적으로 피로가 덜 쌓이게 하는 아프리카인들 특유의 근섬유를 들기도 하고 케냐와 에티오피아와 같은 동아프리카 국가들의 고지대 환경을 들기도 한다.

필자는 여기에 덧붙여 대중교통 미발달에 따른 열악한 환경을 꼽고 싶다. 평소에 몇 시간씩 걸어 다녀야 하는 생활환경 아래에서 단련되었다는 뜻이다. 아프리카에서 가장 발달한 국가인 남아프리카공화국에서조차 아파트 경비들에게 출퇴근 방법을 물으면 2시간 이상 걸어서 근무지에 온다는 얘기를 듣곤 한다. 많은 아프리카 국가에서는 대중교통이 발달하지 않아 먼 거리를 걸어서 이동하는 것이 일반화되어 있다.

그 외 아프리카에서 즐기는 스포츠로 농구를 들 수 있다. 나이지리아, 앙골라 등 주로 서아프리카 국가들을 중심으로 인기를 얻고 있다. 남수단 출신의 루올 뎅(Luol Deng)은 뛰어난 수비 능력과 헌신적인 플레이로 NBA에서 오랫동안 활약했고 카메룬 출신의 파스칼 시아캄(Pascal Siakam)은 현재 NBA에서 활약하고 있다. 이외에도 유명한 농구선수들이 많다.

골프천국 남아프리카공화국?

남아프리카공화국은 세계적인 골프 선수들을 다수 배출했다. 뛰어난 자연환경과 골프 인프라가 잘 갖춰져 있어 골프 유망주들이 성장할 수 있는 좋은 환경이기 때문이다. 남아프리카공화국은 500여 개의 골프코스를 가지고 있다. 우리에게도 잘 알려진 선수로는 게리 플레이어(Gary Player), 어니 엘스(Ernie Els) 등이 있다.

남아프리카공화국에서 유명한 골프 코스를 꼽자면 다음과 같다.

팬코트(Fancourt) 골프 클럽으로 스코틀랜드식 링크스* 코스를 재현한 명문 코스로 2003년 프레지던츠컵(Presidents Cup)이 열린 곳이다. 바

---

* 링크스 골프 코스(Links Golf Course)는 스코틀랜드에서 유래된 전통적인 스타일의 골프 코스이다. 해안에 위치해 자연적인 모래 언덕에 키 작은 관목식물이 드문드문 심겨 있고, 바람과 안개뿐만 아니라 조수의 영향까지 고려해야 하는 독특한 코스이다.

케이프타운에 있는 Steenberg 골프클럽

골프장 입구의 소년 골퍼상

필자가 가입해 있는 Wanderers 골프클럽

람이 휘몰아치는 지형과 사구 스타일*의 풍경이 특징이다.

    레오파드 크릭 컨트리 클럽(Leopard Creek Country Club)은 크루거 국립공원 근처에 위치하여 야생동물을 관찰하며 라운딩을 즐길 수 있다. 굽이치는 강과 울창한 숲이 어우러져 아름다운 풍경을 자랑한다.

    게리 플레이어 컨트리 클럽(Gary Player Country Club)은 아프리카의 라스베가스로 불리는 선시티 리조트 내에 위치하여 휴양과 골프를 동시

---

* 해안가의 자연 지형을 본떠 만든 링크스 스타일의 코스를 의미한다.

Blair Atholl 골프장 1번홀 앞에 있는 게리 플레이어 조각상

에 즐길 수 있다. 다양한 코스로 메마른 아프리카 사바나 한가운데에 위치하여 독특한 경험을 제공한다.

아라벨라 골프&컨트리 클럽(Arabella Golf & Country Club)은 세 가지 코스를 갖추고 있어 다양한 난이도의 라운딩을 즐길 수 있다. 인도양을 조망하며 라운딩을 즐길 수 있는 특별한 경험을 제공한다.

펄밸리 골프 에스테이츠(Pearl Valley Golf Estates)는 고급 주택단지 내에 위치하여 프라이빗한 라운딩을 즐길 수 있다. 다채로운 홀 디자인으로 지루하지 않은 라운딩이 가능하다.

블레어 아톨 골프 코스(Blair Atholl Golf Course)는 세계에서 세 번째로 긴 코스를 자랑하며(7,500미터가 넘는다), 부지의 다양한 특징과 분위기를 모두 갖추고 있다. 이 코스는 전설적인 프로골퍼 게리 플레이어(Gary

원숭이가 있는 케냐 골프장

스프링복스가 있는 남아공 골프장

공작새가 있는 남아공 골프장

그린이 아닌 알제리 골프장 그린

Player)의 디자인으로, 벙커가 많으며 구불구불한 녹색과 초원이 공간감을 더한 골프장이다.

오우바이 골프 코스(Oubaai Golf Course)는 남아프리카 최초의 어니 엘스 시그니처 골프 코스로 2005년에 만들어졌다. 인도양과 장엄한 아우테니쿠아(Outeniqua) 산맥 사이에 우아하게 자리 잡은 가든 루트에 만들어진 링크스 골프코스이다.

골프 그린피는 골프장 수준, 요일, 환율 등에 따라 다르겠지만 대략 5만원 전후의 가격으로 칠 수 있다. 또한 매번 칠 때마다 추가비용 없이 플레이할 수 있는 연간 클럽 회원비(unlimited member fee)는 200~

400만원 수준이다.

영화 '아웃 오브 아프리카'와 관련 있는 골프장을 꼽자면 카렌 컨트리클럽(Karen Country Club)과 무타이가 컨트리클럽(Muthaiga Country Club)이다. 카렌 컨트리클럽은 1937년에 설립되었으며 케냐에서 가장 오래된 골프 클럽 중 하나이다. 18홀 코스의 대부분은 영화 '아웃 오브 아프리카'에서 덴마크의 개척자 카렌 블릭센이 소유한 옛 커피 농장에 지어졌다고 한다. PGA(Professional Golf Association) 기준에 따라 조성된 이 코스는 무타이가 골프클럽(Muthaiga Golf Club)과 아울러 Kenya Open의 주 개최지이다. 무타이가는 '아웃 오브 아프리카'에서 주인공 카렌이 그녀

남아공 캐디

의 남편을 찾으러 간 남성전용 살롱으로 알려져 있다. 당시 여자는 출입이 허락되지 않았던 클럽이라 그곳에서 쫓겨나는 장면이 나온다. 무타이가는 필자가 케냐에 있을 때 멤버로 가입한 골프클럽이었다. 여자인 필자를 멤버로 받아준 클럽에 고마워해야 하는 건지.

케냐도 골프 환경이 나쁘지 않은 곳이다. 남아프리카공화국과 다른 점을 찾는다면 케냐에서는 캐디(caddy)를 의무적으로 사용해야 하지만 남아프리카공화국에서는 선택 사항이라는 점이다. 우리나라의 경우도, 대부분의 골프장에서 캐디 사용이 의무인데 케냐와는 그 목적이 다른 듯하다. 우리나라에서는 빠른 진행을 위한 것인 반면, 케냐의 경우는 고용증진이 목적인 것 같다.

1,000개 넘는 언어가 있다고?

아프리카에는 세계 언어의 약 1/3이 사용된다. 우리가 아프리카의 대표적인 말로 알고 있는 '하쿠나마타타'는 '문제없다'라는 뜻의 스와힐리어로 애니메이션 '라이온 킹'의 대사로 쓰인 뒤 전 세계적으로도 널리 사용되고 있다. 나이지리아에만 250개의 언어가 있으며, 아프리카에 100만 명이 넘는 사용자를 보유한 언어가 최소 75개가 있다. 짐바브웨에는 16개의 공식 언어가 있는데, 이는 세계에서 가장 많은 공식 언어를 가진 국가이다. 실제로 많은 아프리카 국가들은 독립을 쟁취한 뒤 국가 통합을 추구하면서 일반적으로 이전 식민지 언어(영어, 스페인어, 프랑스어 또는 포르투갈어) 중 하나를 선택했다.

　2004년까지 아프리카 원주민 언어는 아프리카 연합의 공식 언어로 간주되지 않았다. 아프리카 국가들은 다양한 언어의 중요성을 점점 더 인식하게 되면서 2006년에 아프리카 연합(AU)은 '아프리카 언어의 해'를 선포하였다. 탄자니아, 케냐, 우간다, 부룬디, 르완다의 스와힐리어(Swahili), 말라위의 치체와어(Chichewa), 에티오피아의 암하라어(Amharic), 소말리아의 소말리아어(Somali), 에리트레아의 티그리냐어(Tigrinya)등이 국가 차원에서 채택한 공식언어들이다.

　서기 7세기 이슬람 확장으로 인해 아랍어가 북아프리카 대부분 지역으로 확장되면서 아프리카인의 약 17%가 아랍어 방언을 모국어로 사용하고 있다. 모로코, 알제리, 튀니지에서 사용되는 마그레브 아랍어 방언이 있고 또한 이집트 아랍어나 수단 아랍어 등이 있다. 그 외 대부분의 사람이 모국어로 사용하는 아프리카 원주민 언어는 스와힐리어(Swahili), 하우사어(Hausa), 요루바어(Yoruba), 암하라어(Amharic), 이그보어(Igbo), 풀라어(Fula) 등이 있다.

　또한 세계의 많은 크레올어*가 아프리카에서 발견된다. 영어로부터는 시에라리온의 크리오(Krio) 및 나이지리아와 카메룬의 피진(Pidgin), 포르투갈어로부터는 카보베르데와 기니비사우의 크리올, 프랑스어로

---

* 크리올(creole) 또는 크레올(créole)은 피진, 즉 서로 다른 언어를 사용하는 사람들 사이에서 자연스레 형성된 언어가 그 사용자들의 자손들을 통하여 모어화된 언어를 가리킨다.

아프리카의 문화(culture)　217

부터는 세이셸 크리올과 모리셔스 크리올, 아랍어로부터는 남수단의 주바 아랍어, 우간다와 케냐의 누비, 현지어로부터는 중앙아프리카공화국의 산고어(Sango), 프랑스어, 영어 및 현지 언어로부터는 카메룬의 캄프랑글레(Camfranglais) 등 실로 다양하다.

아프리카에는 약 1,250개에서 3,000개 이상의 언어가 모국어로 사용되고 있다(언어와 방언을 어떻게 정의하느냐에 따라 그 수가 달라진다). 스와힐리어는 케냐, 르완다, 탄자니아, 우간다 등에서 영어와 공동으로 사용되며 5천만에서 1억 5,000만 명에 달하는 사람들이 사용한다. 이는 전통적으로 아랍어 문자로 작성되었지만, 오늘날에는 거의 로마자를 사용한다. 언어학자들은 스와힐리어를 반투어족(Bantu)의 일원으로 분류한다. 이 언어는 전체 아프리카인의 거의 3분의 1이 사용하는 언어로 대륙의 남쪽 절반에 집중되어 있다. 그러나 어휘의 최대 20%는 아랍어에서 차용되었으며 심지어 영어, 독일어, 페르시아어, 힌두스탄어, 포르투갈어에서 차용된 단어도 많다. 동아프리카는 관광과 비즈니스 모두에서 매우 인기 있는 곳이다. 여기서 쓰이는 스와힐리어는 많은 외국인이 배우기 원하는 아프리카계 언어 중 하나이다.

오늘날에 이르기까지 북부 아프리카의 아랍어와 동부 아프리카의 스와힐리어를 빼고는 영어와 프랑스어가 아프리카 대부분 지역에서 통용되는 식민지 언어이다.

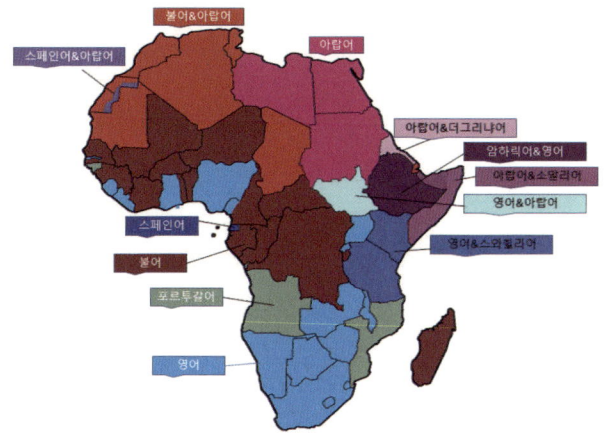

아프리카 비즈니스 언어 분포
출처: https://www.reddit.com/r/MapPorn/comments/gefaez/languages_of_business_in_africa_revisedupdated/#lightbox 저자 재편집

인사를 안 하면 슈퍼에서 물건을 못 산다고?

알제리에서 근무하던 시절의 이야기이다. 알제리는 프랑스 식민지의 영향으로 불어가 상용어*이다. 필자는 대학에서 불어를 전공한 이력 덕분에 불어권인 프랑스와 벨기에에서 근무할 기회를 가졌다. 알제리 또한 불어권으로 비슷한 문화겠지 하고 생각했다. 하지만 확연히 다른 게 있었는데 바로 인사방식이었다. 유럽의 불어권에서는 출근해서 직원들과 보통 간단히 "봉쥬르(bonjour)."하고 인사하면 상대도 "봉쥬르."

---

* 공식 언어는 아니나 일상생활과 상업 활동에서 빈번히 사용되고 있다.

하고 끝낸다. 알제리에서는 이와 전혀 달라서 결코 짧지 않았다. 특히 회사 기사(driver)와의 인사는 더욱 길어졌다. 왜냐면 인사하는 방식이 "Comment allez-vous?"로 대답을 요하는 질문이었기 때문이다. 영어로 "How are you?"에 해당하는 인사이다. 인사를 건넨 기사는 필자의 '안녕하다'는 대답을 듣고 본인의 안부를 묻는 말에 답을 하고서야 자기 볼일을 보러 갔다.

이런 경험을 남아프리카공화국에서 또 하게 됐다. 알제리보다 좀 더 강한 느낌이었다. 슈퍼에 가서 쇼핑한 물건을 계산대에 올려놓고 계산원이 처리해주기를 기다리고 있노라면 여지없이 "How are you?" 하고 인사를 건넨다. 어떤 때는 못 들어 반응을 안 하면 다시 "How are you?" 하면서 눈을 맞추며 얼굴을 똑바로 쳐다보았다. 인사를 안 하는 필자를 나무라는 표정으로 말이다. 인사받기 전에는 절대로 계산 업무에 착수하지 않는다. 인사를 받지 못하면 자신이 무시당하고 있다고 생각하는 듯했다. 특히 서비스업 종사자들에게서 이런 인상을 강하게 받았다. 우리에게 영어로 "How are you?" 하면 중학교 때부터 배운 학습효과로 자동으로 "I'm fine, thank you. And you?" 하고 답이 나온다. 필자도 예외는 아니어서 그런 인사를 잘 모르는 사람과 길게 주고받는 데에 약간의 불편함이 있었다. 그러다 누군가 그 대답을 "Good and you?"라고 하는 걸 들었다. 그때 '옳거니!' 하면서 마치 득도라도 한 듯한 기쁨을 느꼈다. 그 이후로는 "How are you?"에 대한 인사로 간단히 "Good and you?"하고 답하게 되었다. 좀 더 지나다 보니 "Good and you?" 보다 좀 더 격식 있는 말은 "Good and yourself?"라는 걸 알게 됐다.

인사에 이렇게 진심인 문화는 과연 어떻게 생겼을까? 여러 이유가 있겠지만 필자는 식민지배와 아파르트헤이트 같은 불평등한 관계의 역사를 가장 큰 이유로 꼽고 싶다. 억압과 불평등의 역사에서 벗어나면서 서로에 대한 존중의 표현으로 이런 진심 어린 인사문화가 생기지 않았나 싶다. 반면 케냐에서는 그런 불편한 느낌을 갖지 않았다. 무리한 추론일 수 있겠지만, 과거 지배방식의 혹독함에 따른 보상심리에서 나온 것은 아닐지?

아프리카 속담은 무엇이 있을까?

아프리카는 다양한 문화와 역사를 가진 대륙이다. 각 지역마다 고유한 언어와 풍습을 가지고 있으며, 이러한 문화 속에서 탄생한 아프리카 속담은 그들의 고유한 삶의 지혜와 가치관을 담고 있다.

"비가 오면 모두가 춤을 춘다." (우간다 속담)

"나무는 혼자 서지 못한다." (케냐 속담)

"강물은 급하게 흐르면 멀리 가지 못한다." (나이지리아 속담)

"한 아이를 키우려면 온 마을이 필요하다." (아프리카 속담)

"가족은 뿌리와 같다. 뿌리가 깊을수록 나무는 강하게 자란다." (나이지리아 속담)

"이웃이 곤란할 때 크게 기뻐하는 자는 바보다." (아프리카 속담)

"천천히 가더라도 멀리 가라." (스와힐리 속담)

"악은 바늘처럼 들어와 참나무처럼 퍼진다." (아프리카 속담)

"빈 깡통이 시끄럽다." (짐바브웨 속담)

"코끼리들 싸움에 들풀이 고생한다." (아프리카 속담)

"늙은이의 머리에는 많은 주름이 있다." (요루바* 속담)

"하루만 도둑질하고 그만두는 사람은 없다." (요루바 속담)

"한 노인의 죽음은 한 개의 도서관이 사라지는 것이다." (아프리카 속담)

"제 눈보다 나은 목격자는 없다." (아프리카 속담)

"여자의 사소한 배려는 남자의 큰 사랑을 낳는다." (아프리카 속담)

"친한 사람의 얼굴을 알아보기 위해 한밤중에 밝은 빛은 필요 없다." (아프리카 속담)

아프리카 속담은 단순히 아프리카 문화를 이해하는 데 그치지 않고, 우리 삶에도 많은 시사점을 준다. 어느 나라 속담이든 서로 비슷한 안목으로 인생사를 꿰뚫는 것을 보면 경제 수준이 다르고, 피부색이 달라도 삶의 희로애락은 비슷한 것 같다. 빠르게 변화하는 현대 사회에서도 아프리카 속담이 담고 있는 지혜의 가치는 여전히 유효하다.

---

* 서아프리카의 주요 민족 집단 중 하나이다.

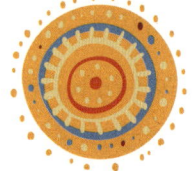

부록

아프리카의 동물

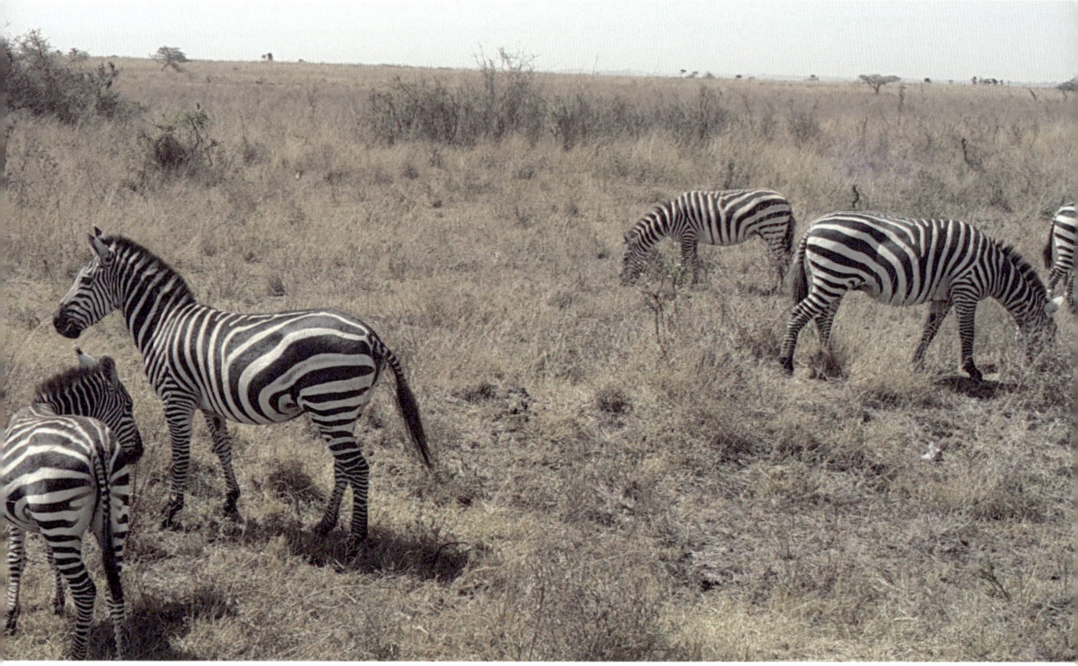

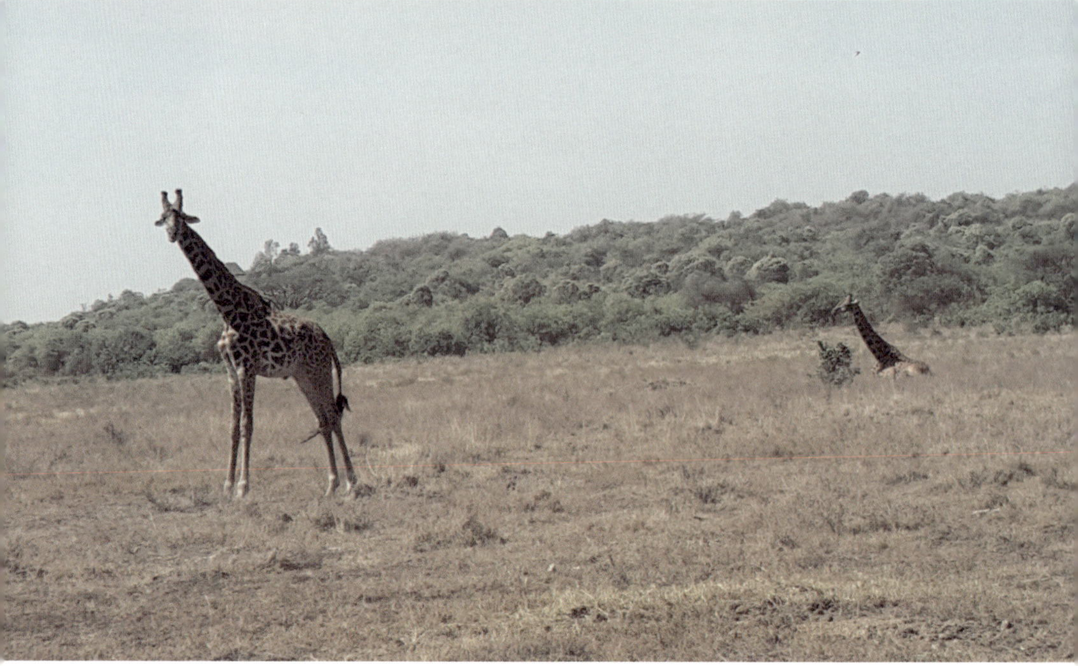

아프리카의 동물

아프리카의 동물 235

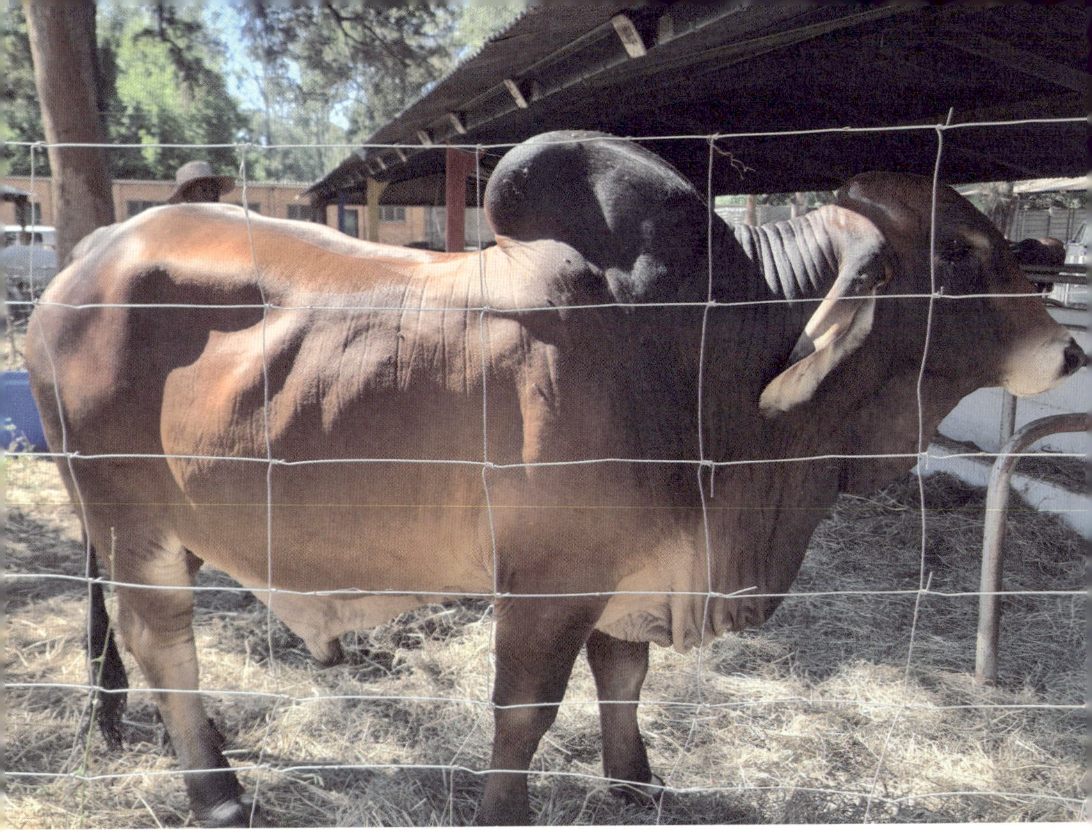

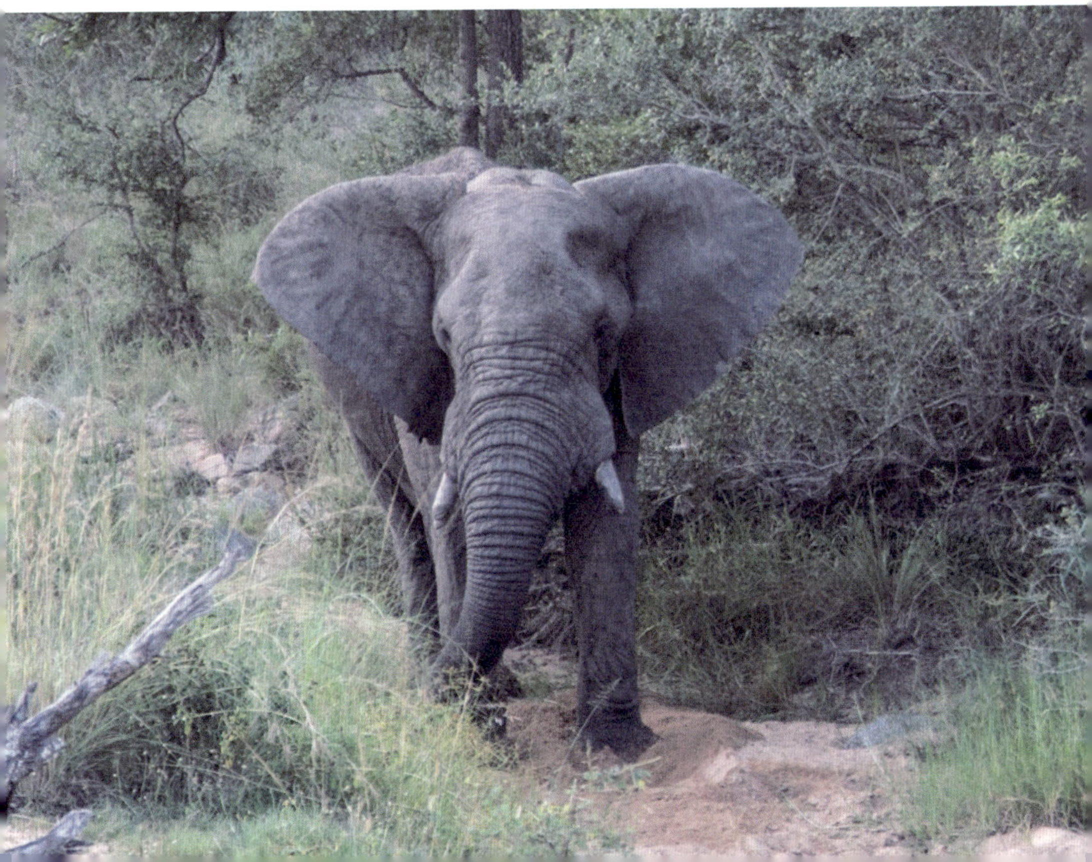

238 물어물어 찾아낸 나의 친구 아프리카

아프리카의 동물

아프리카의 식물

아프리카의 식물 241

아프리카의 식물

아프리카의 식물 249

아프리카의 식물 251

재외공관 연락처 ('25년 2월)

주가나 대한민국 대사관	전화번호: +233-302-776-157	이메일: ghana@mofa.go.kr
	주소: No.10, Fifth Avenue Extension, Cantonments, P.O.Box GP 13700, Accra, Ghana	
주가봉 대한민국 대사관	전화번호: +241-6530-1900	이메일: gabon-ambcoree@mofa.go.kr
	주소: Villa 14, Hotel 3 de Agosto, Avda.Hassan II , Malabo, Guinea Ecuatorial	
주나이지리아 대한민국 대사관	전화번호: +234-810-389-0991	이메일: emb-ng@mofa.go.kr
	주소: No.9 Ovia Crescent Off Pope John Paul II Street Maitama, Abuja, Federal Republic of Nigeria	
주남아프리카공화국 대한민국 대사관	전화번호: +27-12-460-2508	이메일: embsa@mofa.go.kr
	주소: 265 Melk Street, Nieuw Muckleneuk, Pretoria 0181, South Africa	
주라고스 대한민국 분관	전화번호: +234-1-271-6295	이메일: koremb_lagos@mofa.go.kr
	주소: 26 Oyinkan Abayomi Dr, Ikoyi, Lagos, Nigeria	
주르완다 대한민국 대사관	전화번호: +250-252-577-577	이메일: koremb-rwanda@mofa.go.kr
	주소: KG 13 Ave 34, Nyarutarama, Kigali, Rwanda	
주리비아 대한민국 대사관	전화번호: +216-71-274-759	이메일: libya@mofa.go.kr
	주소: P. O. Box 4781/5160, Abounawas Area, Gargaresh St., Tripoli, Libya ※주튀니지 임시사무소: Montazah Cote De Carthage Villa D1, 2078 Gammarth, Tunis	
주마다가스카르 대한민국 대사관	전화번호: +261-20-222-2933	이메일: ambcoreemg@mofa.go.kr
	주소: Villa Pervenches, Lotissement Bonnet, Ivandry, Antananarivo, Madagascar	
주모로코 대한민국 대사관	전화번호: +212-5-3775-1767	이메일: morocco@mofa.go.kr
	주소: Ambassade de la Republique de Coree, 41 Av. Mehdi Ben Barka, Souissi, Rabat. Maroc	
주모잠비크공화국 대한민국 대사관	전화번호: +258-21-495-625	이메일: embassy-mz@mofa.go.kr
	주소: Av.Marginal 141, Torres Rani 7º Andar, Maputo, Mozambique	
주세네갈 대한민국 대사관	전화번호: +221-33-824-0672	이메일: senegal@mofa.go.kr
	주소: Ambassade de la République de Corée, L'immeuble Rahmane Lot 12, situé Direction Générale de l'ASECNA, Petite Corniche des Almadies, Dakar, Sénégal	

주수단 대한민국 대사관	전화번호: +20-2-2754-7340	이메일: sudan@mofa.go.kr
	주소: 3rd Floor, Building No.44, Palestine Road, New Maadi, Cairo. A.R.E, Egypt ※ 수단분쟁에 따라 이집트 카이로 이전	
주알제리 대한민국 대사관	전화번호: +213-2318-7717	이메일: koemal@mofa.go.kr
	주소: Ambassade de la République de Corée, 5 Chemin Mackley (El Bakri), Ben Aknoun, Alger	
주앙골라 대한민국 대사관	전화번호: +244-222-778-794	이메일: korembassy_angola@mofa.go.kr
	주소: Condominio Zenith, Torre 1, 3º Andar, Via AL 16, Talatona, Luanda, Angola	
주에티오피아 대한민국 대사관겸 주아프리카연합 대한민국 대표부	전화번호: +251-11-372-8111	이메일: ethiopia@mofa.go.kr
	주소: Embassy of the Republic of Korea, P.O. BOX 2047, Addis Ababa, Ethiopia	
주이집트 대한민국 대사관	전화번호: +20-2-3761-1234	이메일: egypt@mofa.go.kr
	주소: 3 Boulos Hanna St., Dokki, Cairo, A.R.E (POST CODE: 12611)	
주우간다 대한민국 대사관	전화번호: +256-414-500-197	이메일: emb.kampala@mofa.go.kr
	주소: Embassy of the Republic of Korea, Plot 14, Ternan Road, Nakasero, Kampala, Uganda	
주적도기니 대한민국 대사관 말라보분관	전화번호: +240-333-090-775	이메일: malabo@mofa.go.kr
	주소: Villa 14, Hotel 3 de Agosto, Avda. Hassan II, Malabo, Guinea Ecuatorial	
주짐바브웨 대한민국 대사관	전화번호: +263-242-756-542	이메일: zim@mofa.go.kr
	주소: 1 Philiips Avenue, Belgravia, Harare, Zimbabwe	
주카메룬 대한민국 대사관	전화번호: +237-222-203-891	이메일: cameroon@mofa.go.kr
	주소: House No.85, Rosa Park Avenue, Ntougou-Golf, P.O Box 13286, Yaounde, Cameroon	
주케냐 대한민국 대사관	전화번호: +254-20-361-5000	이메일: emb-ke@mofa.go.kr
	주소: 1st & 2nd Floor, Misha Tower, Westlands Road, P.O. Box 30455-00100, Nairobi, Kenya	
주코트디부아르 대한민국 대사관	전화번호: +225-27-2248-6701	이메일: ambcoabj@mofa.go.kr
	주소: Rue Sainte Marie, Lot 18-19, Cocody, Abidjan, Coôte d'Ivoire	

주콩고민주공화국 대한민국 대사관	전화번호: +243-821-911-712	이메일: amb-congo@mofa.go.kr
	주소: 63, Ave. de la Justice, Gombe, Kinshasa, Democratic Republic of Congo	
주탄자니아 대한민국 대사관	전화번호: +255-22-211-6086	이메일: embassy-tz@mofa.go.kr
	주소: 19th floor, Golden Jubilee Towers, Ohio Street, City Centre, P.O.Box 1154, Dar es Salaam	
주튀니지 대한민국 대사관	전화번호: +216-71-198-595	이메일: tunisie@mofa.go.kr
	주소: Immeuble BLUE SQUARE, Avenue de la Bourse, Les Berges du Lac 2, 1053 Tunis, Tunisie	

KOTRA 무역관 연락처 ('25년 2월)

아프리카 지역본부 겸 남아프리카공화국 요하네스버그	전화번호: +27-11-784-2940	이메일: afho_africahq@kotra.or.kr
	주소: 18th Floor, Sandton City Office Tower, Corner Rivonia Road & 5th Street, Sandton, South Africa	
	관할지: 남아프리카공화국, 레소토, 보츠와나, 나미비아, 말라위, 마다가스카르, 짐바브웨, 잠비아, 코모로, 모리셔스	
가나 아크라	전화번호: +233-30-276-4367	이메일: kotraaccra@gmail.com
	주소: 135 Osu Badu Street, Airport West Residential Area, Accra, Ghana	
	관할지: 가나, 토고, 베냉, 콩고민주공화국, 콩고	
나이지리아 라고스	전화번호: +234-201-453-0500	이메일: kotrakbclagos@gmail.com
	주소: 11th Fl., Sea Wing, Foreshore Towers, 2A Osborne Road, Ikoyi, Lagos, Nigeria	
	관할지: 나이지리아, 카메룬, 중앙아프리카공화국, 차드, 가봉, 라이베리아, 시에라리온, 상투메프린시페, 적도기니	

모잠비크 마푸투	전화번호: +258-21-487-072	이메일: mpu_ktc@kotra.or.kr
	주소: Av. Marginal 141, Torres Rani, Torre dos Escritorio Piso 6, Maputo, Mozambique 관할지: 모잠비크, 앙골라, 에스와티니	
수단 카르툼	전화번호: +249-1-8349-8845	이메일: ktccairo@kotra.or.kr
	주소: 2nd Floor, Mutasim Izz Eldin Building, Amarat 15, Khartoum, Sudan 관할지: 수단, 에리트레아 ※ 분쟁에 따라 이집트 카이로무역관에서 임시 관할중	
에티오피아 아디스아바바	전화번호: +251-11-320-4305	이메일: addiskotra@gmail.com
	주소: P.O. Box 5629, Nifas Silk Laphto, Woreda 3, House No. 977, Bisrate Gebriel Area Next to Bayne Bldg. 4th Floor Addis Ababa, Ethiopia 관할지: 에티오피아, 지부티, 세이셸	
케냐 나이로비	전화번호: +254-718-220-458	이메일: kotranairobi@gmail.com
	주소: Delta corner Annex, 1st floor, Ring Road, Waiyaki way, Westlands, Nairobi, Kenya 관할지: 케냐, 우간다, 남수단, 소말리아	
탄자니아 다레살람	전화번호: +255-22-292-2201~2	이메일: kbcdar@kotra.or.tz
	주소: 12th Floor, Golden Jubilee Towers, Ohio Street, City Centre, P.O.Box 3882, Dar es Salaam, Tanzania 관할지: 탄자니아, 르완다, 부룬디	
코트디부아르 아비장	전화번호: +225-27-2251-4715	이메일: abidjan.kotra@gmail.com
	주소: 06 BP 1148 Abidjan 06 Cote d'Ivoire 2ieme etage, Immeuble NSIA, REU des Jardins, 2 Plateaux, Abijan Cote d'Ivoire 관할지: 코트디부아르, 세네갈, 기니, 감비아, 기니비사우, 말리, 부르키나파소, 니제르, 카보베르데	

물어물어 찾아낸 나의 친구 아프리카

1판 1쇄 인쇄　2025년 6월 8일
1판 1쇄 발행　2025년 6월 15일

지은이　　김명희
펴낸이　　정원우
편집총괄　이원석
디자인　　홍성권

펴낸곳　　어깨 위 망원경
출판등록　2021년 7월 6일 (제2021-00220호)
주소　　　서울시 강남구 강남대로 118길 24 3층
이메일　　tele.director@egowriting.com

ISBN　　　979-11-93200-15-5 (03930)

ⓒ2025, 김명희 All rights reserved.

이 책은 저작권법에 따라 보호받는 저작물이므로 무단전재와 무단복제를 금지하며,
이 책의 내용을 이용하려면 반드시 저작권자와 본사의 서면동의를 받아야 합니다.